销售赋能

新技术引爆数字营销

DISRUPTIVE SELLING

A New Strategic Approach to Sales, Marketing and Customer Service

［比利时］帕特里克·梅斯（Patrick Maes）◎著
胡晓红　郭玮钰◎译

天津出版传媒集团
天津科学技术出版社

著作权合同登记号：图字 02-2019-271

图书在版编目（CIP）数据

销售赋能 /（比）帕特里克·梅斯著；胡晓红，郭玮钰译. -- 天津：天津科学技术出版社，2019.10

书名原文：Disruptive Selling

ISBN 978-7-5576-7148-8

Ⅰ. ①销… Ⅱ. ①帕… ②胡… ③郭… Ⅲ. ①销售学 Ⅳ. ①F713.3

中国版本图书馆CIP数据核字（2019）第217633号

销售赋能
XIAOSHOU FUNENG
责任编辑：布亚楠
出　　版：天津出版传媒集团 / 天津科学技术出版社
地　　址：天津市西康路35号
邮政编码：300051
电　　话：（022）23332695
网　　址：www.tjkjcbs.com.cn
发　　行：新华书店经销
印　　刷：天津中印联印务有限公司

开本 710×1000　1/16　印张14　字数180 000
2019年10月第1版第1次印刷
定价：55.00元

前 言

你有没有想过，每次你在扎兰朵（Zalando）下一笔订单，在爱彼迎（Airbnb）预定一个房间或者收到蓝酷科技公司（Coolblue）送来的一个包裹，你其实都在参与颠覆式商业模式？

上述三家公司只是几个简单的例子。除它们之外，还有越来越多的公司正在以一种类似的创新方式满足消费者的需求。这些公司对产业造成了哪些影响？每个人都对这个问题很感兴趣。答案是：颠覆传统。这些公司摒弃了与商品所有权、对科技的应用以及商业活动的定义有关的许多传统模式。除此之外，它们的颠覆式商业模式还有另外一个共同之处：它们把许多环节交给了客户自己。以前，公司花高价请专业销售人员来做的工作，现在则落在了客户自己的肩上。

此外，这些客户们一想到自己将被赋予更大的权力，就感到振奋不已。通过全日志信息反馈、设备订单以及追踪服务，客户所做的工作获得了现场兑现酬劳，而这些都是21世纪被赋予更多权力的客户所看重的。

颠覆式销售向诸多商业传统发起了挑战，包括商业组织模式、销售员工与资源，以及市场客户服务的部署。传统的销售甚至有可能在未来几年淡出人们的视野，销售人员、客户服务中心的工作人员以及其他中间商将变得可有可无，甚至完全冗余。

扎兰朵、爱彼迎、蓝酷以及其他颠覆式公司都在引领我们用崭新的方式思考销售。许多传统工业和产业都在效仿它们的模式，而这些还只是一个开始。借助网络效应、产品和器械，与销售者相关的所有信息得以传递出去，服务商会愈加借助人工智能来预测客户行为，这些预测又会用于指导自发的配送和其他服务。

现如今，我们“占有”的产品越来越少，“使用”的产品越来越多。客户彼此之间分享对一个产品或服务的使用体验，并组建了客户关系网。这给那些迫切想要革新商业模式的公司提供了很多机会。在大多数情况下，这都会催生效率更高且更加把客户利益放在首位的公司，这些公司能够提供远超传统的销售、宣传和服务模式。

从很多层面上看，客户对自己信息量的获取、是否享受到相关服务、商家的反馈速度和配送时间有了越来越高的期望，这种情况也发生在 B2B（或 BTB，是指企业与企业之间通过专用网络，进行数据信息的交换、传递，开展交易活动的商业模式）公司。如果一家公司忽略了这一点，没有据此调整自己的方针，就很有可能越来越无法了解其客户。因此，各公司此时必须认真检视公司内部组织和商业互动模式。

好消息是，使用智能软件和性价比高的科技会对公司大有助益。人们现在从一个崭新的角度看自己的专业领域。社会越来越注重对人力资源的灵活运用，这给人们的创造力提供了很大的发挥空间。

这本书有助于实现公司转型，可以提供清晰的思路和合乎实际的指导原则，为你即刻展现一个良好的开端。本书将分享给读者所有关于科技和软件的有用信息。而需要大家注意的是，你不能指望科技来解决所有的问题。

颠覆式销售理念的成功，取决于一系列因素的有效组合。这些因素包括：了解客户的消费动机并与之保持一致的价值定位；适当的组织结构、流程以及积极的企业文化。如若你的公司具备以上因素，客户便能时时刻刻感受到你们对其利益的维护。通过这种有偿方式与消费者建立联系，以达到最终目标——让客户满意。这样一来，客户会主动为你的公司宣传。

当然，你必须始终留意公司的财务能力，多关注诸如销售成本、服务成本等问题，尤其不能忽视营销投资回报。

技术在不断进步。每年1月，拉斯维加斯（Las Vegas）的消费电子展（Consumer Electronics Show）都会发布一些最新、最先进的技术，随后，报刊和其他媒体相继会对这些技术进行全面报道。这些报道会让你了解到，新技术应用于现实生活的速度超乎你的想象，几乎涉及你能想到的所有领域：从自动清洗和熨烫衣服的衣橱，到取代公司接待员的机器人。

企业需要接受这样一个事实：变革是商业生活的常态。因此，仅在特定环境下质疑你的商业模式是远远不够的，你不能心存侥幸，以为在未来10到15年你的公司仍能如此运营。市场的实际情况和客户的需求，要求你不断评估你的商业模式。就服务和客户互动而言，最前沿的实践将由主流颠覆者［如Bol.com（比利时、荷兰、卢森堡最大的电商平台）和亚马逊］的举措决定。即使你采用的是B2B的电子商务模式或工业生产资料模式，你也别无选择，只能调整自己的模式，跟随它们的脚步。

这种情况下，你就需要一种思想、一个组织和一系列流程，这些要素将让你迅速适应新技术的发展，以及消费者不断变化的期望。对你来说，做出正确的技术选择至关重要，但同样重要的是，公司内部要有正确的企业文化和发展动力。

我想和大家分享一下，我们是如何从CPI（作者的公司名，为Commercial Performance Improvement的缩写）出发，帮助企业颠覆其商业组织、价值观念，并帮助他们在这两个方面保持市场竞争力。无论你属于金融服务、原材料、机械制造、酒精、化妆品、巧克力、会计还是保险领域，都无关紧要。近年来，我们已成功地将本书所描述的原则应用于以上提及的每个领域。

我们可以自豪地宣称，欧洲各地的董事会正逐渐接纳安特卫普

（Antwerp）的理念和做法。通过颠覆式销售方法，我们研制了全球通用的系统，用来为公司及其客户创造价值。颠覆式销售以从根本上提高效率为基础，也坚持从根本上提升客户信赖度。

与传统的销售方式不同，市场营销不再以品牌化为主，反而转向宣传领导者、发展品牌大使。客户服务将成为管理关系的中心。从逻辑上说，市场营销人员、卖家和服务人员的传统模式都将受到质疑，这意味着企业必须转换员工培训方式。

在这本书中，我将讲述如何将颠覆式销售的概念引入公司，以及这将对公司客户、技术和组织结构产生怎样的影响，并解释商业公司如何在每次交易之前、期间和之后持续为客户创造价值。我将准确地展示自动化营销所涉及的内容，给你一些建议，使你能够从市面上的大量营销工具中，做出正确的选择。除了讨论销售过程的转变之外，我还将根据与关键成果有关的目标和协议，对你的业务结构和领导方式进行重新建模。

我将以这种方式为你的商业公司绘制蓝图，为你的客户提供真实、合适和宝贵的经验。为了清楚地说明问题，我将采用模型和示例说明变革过程的每个方面。

我希望本书提出的理念能够以特有的方式应用到你公司的管理团队以及员工当中。同时，我也希望它们能成为你个人职业发展的灵感来源。

祝你阅读愉快，收获良多！

帕特里克·梅斯

你的商业颠覆式进程是怎样的？

在 CPI 咨询网站（CPI Consulting website）上，只需要几分钟，你就可以测试你的公司所具备的颠覆式销售指数。之后，测试分数将以电子邮件的形式发送到你的邮箱。

网址：www.cpi-consulting.eu

目　录

DISRUPTIVE SELLING

销售赋能

第一部分

大数据时代，探寻销售新模式

销售赋能：一切从头开始

源于现实生活的案例

正如你眼前的一张白纸，一切归零。这恰恰是你需要做的事情——从头开始。为什么？因为消费者正在不断改变他们的期望值。这样的例子比比皆是。我们分别从一个生活案例和一个公司案例着手，该公司也应该进行这种从零开始的训练，看看它能在哪些方面有所提高。

复印机

我们从复印机开始谈起。你家里有那种大型一体化多功能复印机吗？它可以打印、复印、扫描、分类、捆扎、折叠、装订、打孔和传真（如今传真已经不流行了）大量文本。我办公室里有一台。它曾经给我带来很多麻烦，不过却赋予了我撰写此节的灵感。

下面，我谈谈发生在我身边的一件事。几年前，我当时的办公室经理与复印机供应商签订了合同。每个办公室都需要一台复印机，我们办公室也不例外。经理事先进行了研究，主要是价格的比较——成本的问题，包括我们在复印机、纸张、碳粉等物品上的开销。

他最终选择了一家专业公司，该公司主要业务范围处于比荷卢经济联盟（Benelux），以其高质量的技术支持而闻名。合同规定了我们每月使用的纸张数量，打印和复印都包含在内。根据办公室工作人员的数量以及正在进行中的项目数量，我们预计每个月会使用大约 1 万张纸，此数字被列入了合同条款。供应商同意定期派遣维修技师，及时给我们提供纸盒和墨盒。到现在为止，一切顺理成章。

一份合同把购买者和供应商联系在了一起。签约之后，规定购买者和供应商关系的条件将是永久性的。合同的条款决定了供应商提供的商品或服务以及成本。如果合同签订方是 B2B 公司，则此类合同的持续时间通常为五年。但如果情况发生了变化呢？如果你的公司在合同签订一年后对自己重新定位，则该怎么办？或者如果你为了环保，杜绝在办公室使用纸张，怎么办？诚然，大家都知道适度的灵活性很重要，环保也很重要！

这正是我们公司发生的事情。我决定对公司进行彻底改组，以便在 CPI 引入无纸化办公室和新的工作方式。这意味着我现在每月只需要 1 千张纸，而不是 1 万张。但是复印机的成本仍然是每月 600 欧元。我并不了解合同中的各类具体支付，诸如机器的租赁、碳粉的使用、纸张的使用、机器的维护等。

如果我用不完如此多的墨粉，供应商就无须继续发货，起码在我看来是这样。同理，和一台一年生产 12 万份材料的机器相比，每年只生产 1.2 万份材料的机器需要的维护就少得多。在这种情况下，要求供应商修改合同似乎是合理的。因此，我联系了他们，并告诉他们，在剩余的租赁期内，我们仍将继续租赁超大尺寸复印机，但是，我要求根据运营情况和每月成本对租金进行调整。

然而，他们的答复极度无理："很抱歉，必须严格遵守合同规章。我们会观察一段时间，看看具体情况怎么样。如果观察期过后，你决定不再使用那台机器，我们就把它收回，但是你需继续支付每月租金，作为提前终止合同的赔偿。"

电话沟通数次无效后，一位供应商销售人员来到我们公司。他面带笑容地告诉我，他有一个解决办法，每个月都能帮我省下一笔钱：从现在开始，我们只需每月支付450欧元，而不是每月600欧元。这种方法确实能省一笔钱，但这台笨重的复印机还是留在我们公司，而我们根本无须这么大的机器，却需要为最低使用限度支付额外费用。

作为一名现代消费者，我在网上做了一些调查。事实证明，租用（不包括使用）一台复印机大约花费150欧元。

为了节省时间和精力，我决定接受那位销售人员的提议。然而，拿到这份新合同时，我发现合同期限从60个月延长到了84个月，你可以想象我有多惊讶。根据这份新合同，我需要支付的总价并没有变化，而且在未来两年内，我还不得不继续使用那个超大尺寸的“怪物”复印机。

此刻，我已经不是不开心这么简单了。我向销售人员发泄了我的不满，但他说他还有个好主意，可以解决我们共同的问题：如果我答应帮他介绍两三个新客户，他就会和他的总公司协商，解决我的问题。听到他这个不知羞耻的提议，我更生气了。我告诉那位销售人员，我再也不想在公司见到他了，并且我希望他们能尽快撤走复印机。

当然，说起来容易做起来难。在接下来的几个星期里，这件事情没有任何进展。直到某天，有位女士给我的语音信箱打来电话，虽然她带着浓重的荷兰口音，但是态度非常友好。她说自己在供应商公司工作，想和我谈谈。她已经了解了我们公司的问题，并想提供另一个解决办法。我没抱太大的期望，但还是拿起电话拨了她的号码。这是一个自动应答系统：“目前，在你之前有四个电话等待回复，请稍等。”所以，我就等着了，等了一段时间，依旧没有应答，然后我决定稍后再拨。

在第二次拨号后，我听到电话里说：“目前，在你之前还有两位用户等待接听，请稍等。”等待的人数由四人减少到两人了，情况还不错，所以我就继续等着。后来终于有人接通了我的电话。我解释了目前的状况：贵公司已经有人给我打电话，现在我正准备回复。“对不起，先生”，他礼貌地对我说，“我不知道你在说什么，但如果有重要的事，他们肯定会给你回电话的。再见，祝您生活愉快。”然后他就挂了。

最后，一位名叫芭芭拉（Barbara）的女士确实给我回了电话，她态度很友好，我们最终达成了共识。我同意每月支付235欧元，直到租期结束，而他们则为这台机器给出了一个合理的收购价格。但在谈判的时候，由于我拒绝支付最初合同上规定的发票额度，所以我仍然不断收到她的同事发来的恐吓信函。

这里有一些在签订新合同时遇到的具体问题：客户（我）需要填写一份文件，里面有一些压缩包和同样大小的文本文档，并要求提供各种看似无关紧要的个人信息，甚至包括我最喜欢的颜色和鞋码！

到目前为止，你可能已经猜到这家公司并不是颠覆式销售的典范。

这不仅仅是因为他们忽视了见多识广的客户，显然，他们也缺乏良好的客户关系管理（Customer Relationship Management，CRM）系统，来明确与客户达成的协议及其时间、地点和方式。而他们的销售策略似乎倒退到了20世纪80年代——那个以“贪婪为本”的糟糕年代。由于这家公司（以及许多其他类似的公司）的客户目前享受着骆驼游的惬意、参与俄罗斯轮盘赌游戏的全程服务，所以管理层可能会被建议制定计划，并审查详细服务过程，看看是否可以提供更简单、透明、更有趣的服务，这应该不难……

最糟糕的是，很多公司，无论规模大小，他们在处理销售问题、客户关系、客户信赖度时，都采取了一种过时的方式，从而引发了适得其反的后果。他们将客户看作“猎物”，一旦客户被抓住，就会被囚禁起来，直到他们被榨干为止。一旦客户要求改变这种关系，他们就会遭到怀疑甚至抵制，这几乎是原则问题。毕竟，哪个猎人希望猎物会反抗，哪个猎人愿意放弃优越的地位呢？

> 新客户总是对的，即使合同上指出他们的错误。

如果一家公司没有做出适合客户的新安排，他们很快就会发现，社交媒体上出现了负面评论。每一个负面的帖子都会对潜在的新客户造成负面影响，因此，这种情况必须避免。相对于简单地满足客户的需求，或者至少达成一笔合理的交易，让公司陷入困境的负面消息最终可能会导致公司付出更大的代价。

退货

在我们与 CPI 合作的一个项目中，我们比较了仔细检查退货和无理由退货的成本。你认为哪种成本更低？我想你已经知道答案了，你应该将你公司的退货流程替换成无理由退货。这不仅成本低，而且能提升客户满意度。

因此，采用第二种方式的公司不仅会发现老客户愿意购买更多产品，而且还更容易吸引新客户。

> 你认为哪种成本更低？我想你已经知道答案了，你应该将你公司的退货流程替换成无理由退货。

客户研究表明，公司给予客户的信任程度是客户继续购买他家产品的一个重要原因，从而使该公司获得竞争优势。

当然，这并不意味着公司不再注意退货问题。在这种情况下，我们在处理此类问题之前先把它分成三类：

1. 责任在于公司；
2. 责任在于客户；
3. 责任在于沟通不畅。

前两种情况相对少见。到目前为止，绝大多数退货问题显然是由于沟通不畅造成的。

这让我们将退货问题与CRM中的客户数据联系起来，以查看他们是否遵循某种模式。结果显示，大多数退货申请都来自公司的小客户，他们没有合适的软件来在线发出订单（例如，购买窗帘材料和窗帘悬挂设施的订单）。相反，他们不得不通过口头描述或者手绘来传达它们对货物的要求（通常很复杂），而问题通常出现在这里。我们决定为这些小客户提供一种新工具。这样他们就可以发出信息明确的订单，包括货物的正确尺寸和所有必需的附加信息，既可以在网上也可以以书面的形式下订单。这样一来，退货的情况会大幅减少。

公司的客户服务和营销部门接到指示，去帮助说服小客户使用这种新工具。绝大多数客户愿意对这种变化做出积极回应。这在很大程度上要归功于无理由退货政策建立起来的客户对公司的信任。

不言而喻，整个过程对供应商公司的效率产生了巨大影响。销售人员不必再访问不满意的客户，并向他们解释为什么他们的退货申请遭到了拒绝。客户服务浪费在破译复杂难懂的订单和图纸上的时间减少了。员工以前花费在解决退货争议上的精力，如今用在了更合适的地方。这样一来，员工和客户都很满意，他们之间的关系也更融洽了。

第一章

颠覆式销售：一种全新销售模式

颠覆式销售将营销、销售和客户服务带入一个新时代。本章将解释原因，希望它能帮助你适应这个想法。所以，拿出那张空白的纸，我们开始吧。

一些重要的问题

你会偶尔停下来考虑当前公司的工作效率吗？通常情况下，哪怕能够卖出货物的希望只有一点点，也足以让一个销售代表冲出办公室去留下一个新客户。但是，销售代表每天能够拜访的客户数量是有限的。

研究还表明，客户对公司代表[1]那种传统的拜访形式越来越不感兴趣。他们渐渐将这些访问视为对自己宝贵的时间的浪费，或者认为这是供应商试图向自己施压，使自己觉得不买不合适。他们感到纳闷：为什么这个过程现在不能在网上完成？

大多数公司不愿接待销售代表，除非他们有不得不见的理由。他们的新口头禅是："不要给我打电话，我会打给你的！"作为销售代表，你如何处理与客户的关系？你知道客户重视什么吗？你知道他们什么时候准备采购吗？你知道每个客户想要听什么、看什么吗？你知道他们是打算继续做你的客户，还是打算转投你的竞争对手呢？你是否在监控人们在网上对你的产品和公司的评论呢？你又如何处理这些信息呢？

人们常说，客户对供应商的要求越来越高，这种说法是正确的。现代消费者决定价值所在、价值时机。如果客户不满意，或者感觉被骗了，他们就把这件事宣扬出去。简而言之，客户要求不断变高，他们的期望值也很高而且还在不断变化。如今，客户驱动并支配着动态销售过程。在今天的市场上，为客户创造价值意味着，从潜在客户首次表示感兴趣的那一刻起，供应商就要开始创造价值，直到交易完成后的很长一段时间。

开始行动

当前的销售环境很不稳定，但令人欣慰的是，你可以借助市场营销技术了解客户的想法。因此，你能够洞察客户想要什么，需要什么，以及你能为他们提供什么。

本书将要探讨如何实施这种新的营销技术，以及如何充分利用各种可能性。相信我，本书将会让你大开眼界。更重要的是，这项新技术将让你拥有独一无二的机会，来提高商业效率及客户满意度。

这一切从追踪客户情况开始，包括客户的各种体验，从他们第一次了解产品，到他们考虑再次购买。有了这个完整的反馈，你就可以找出并消除潜在瓶颈，从而大大提高客户追踪效率、追踪便利性。客户消费流程不仅是重塑销售过程的指导因素，而且塑造了新销售技术的引入，如自动化营销、社会倾听和客户关系管理。

市场营销技术让你不断优化客户体验。每位客户都会留下数字化足迹，让你的销售部门能够预测他们的购买需求、购买意图。如今，由于自动化营销，监控在线语言变得相对容易，让你能够实时调整销售、市场和售后系统。通过互联网［配备着最新的远程信息技术和 IP（互联网协议）地址］，智能产品和设备将迅速上线。这会让你更方便地跟踪重要信息，以进一步完善对销售周期的预测。

新视域

在全面自动化销售方法中引用新理念，或者将机器和人工结合起来进行工作，你可以达到过去无法想象的高度个性化和商业效率。

一旦提供了正确的信息，现代自动化工具便可深入划分市场份额、客户组合，并为每位客户提供个性化服务。高度自动化可以节省时间、金钱、资源，这些资源可以用来改进客户服务，增加高质量销售和交叉销售。

更重要的是，这一切都是通过更有针对性、更高效、更低廉的方式实现的。在商业技术中，公司不再使用传统的 CRM 来编写访问报告和每周计划时间表。这些新的发展为销售人员提供了更多的提升空间，在销售过程中，知识和经验可以发挥更大的作用。

通过这种方式，你可以建立一个营销系统，以更好地了解客户需求，无论多么优秀的销售代表都希望能提供更快、更便宜和更高效的服务。

最终，你将削减成本，增加利润，同时还能提高客户满意度。更低的成本、更好的结果和更满意的客户，这听起来很美好，但却是颠覆式销售的悖论。

> 更低的成本、更好的结果和更满意的客户，这听起来很美好，但却是颠覆式销售的悖论。

颠覆式销售将市场、销售和客户服务带入了一个全新的时代。这是一种新的销售方法，在这种全自动的销售过程中，客户起主导作用。颠覆式销售的引入意味着商业公司需要从上到下进行重组。

新型商业模式的优秀代表，如亚马逊和扎兰朵，他们的成功都极其依赖颠覆式销售。在这些公司中，许多传统意义上需要人工完成的销售、营销和客户服务的任务，现在已被机械化系统所取代。

我相信，其他公司如果采用这种市场、营销和客户服务的新方法来改造其商业运作，将会获得显著的竞争优势。如果一些公司没有意识到这一点，很快他们就会发现，自己已经被更有先见之明的竞争对手超越了。一旦落后了，他们就很难去弥补。[2]

颠覆式销售需要从头开始。

一些中小企业犹豫是否要彻底改变其经营方式。部分原因是他们高估了转型的成本，特别是涉及技术问题，因此他们没有充分认识到销售和市场营销业务重组提供的机会。

在这个新的销售环境中，一家公司不需要做得很大就能拥有名气。相反，先发心态才是真正的优势。必要的技术、组织模型和业务示例都可以帮助公司做大。特别是，这项技术从未像现在这样廉价、容易实现。最初，谷歌和亚马逊的规模都不大，但如果你想效仿他们，就需要从头开始设置你的销售周期。颠覆式销售需要从零开始。

为了避免混淆，你一定要明确自动化营销、颠覆式销售和客户关系管理的定义。

自动化营销

自动化营销让公司可以实时、全天候地跟踪客户的活动。你可以监控他们在你的网站上查看的内容、他们在网页上停留了多久、他们购买了什么或没有购买什么、他们与客户服务部门互动的方式、他们如何处理公司发送的邮件以及发布的博客等。

客户与公司建立的每个联系都可以用来分析和使用。有时，客户自己也知道在为公司提供信息。有时则不然，他们只是不自觉地在互联网上留下了自己的痕迹。在如今这个所谓的“物联网”（the internet of things）世界中，客户使用的智能产品中包含的传感器将产生、整理更多的信息。

自动化营销还可以将所有这些信息与一系列自动回复关联在一起。它能释放一系列信号，公司如果能识别出这些信号，就能迅速采取恰当行动，并培养回头客，增加销售额。通过这种方式，客户能得到个性化的反馈，并且是24小时不间断的实时反馈。

这是人工所做不到的。如今我们能做到这点，是因为营销技术现在能够自动且快速地分析传入的数据。这些数据能转化为深入的知识，然后在公司的各个层级之间分享。然后，这种共享知识可以开启新的计划，这些计划既可能是自动生成的，也可能来自销售部门的人员。

颠覆式销售

颠覆式销售指的是，公司在销售过程中利用每种可用的技术资源，尽可能有效地对新客户的需求做出回应。技术推动了这一过程。销售方法必须发生根本性变化，才能让颠覆式销售发挥作用。这需要破除销售、营销和客户服务之间当前的界限，从而将销售流程作为一个整体来进行管理。这还意味着，从客户第一次了解公司产品的那一刻起，到他们考虑再次购买的那一刻，公司要不断地与客户互动。

我们的目标是，最大限度满足客户的需求，以使客户产生动力再次购买公司的产品，甚至客户自己当起了销售员，而你成为他们的销售经理。

“颠覆式”（disruptive）一词有许多不同的定义。我们这里说的“颠覆式”是指最大限度地利用所有可用的技术工具，并借助对人力资源和其他资源的巧妙部署，对客户与价值主张之间的关键联系进行彻底的重新定义，让其不受现有结构和惯例的阻碍。这种方式使人们能够做一些单凭自己的力量无法做到的事情。

正如优步（Uber）的颠覆式商业模式没有使用自己的出租车一样，未来你的公司的人数很可能会大幅减少，或者甚至根本没有员工。更重要的是，由于相关技术通常储存于云端，因此你无须拥有或开发它们。这将彻底改变过去的传统销售模式，从而对不断变化的客户期望做出更灵活、更有针对性的回应。

利用自动化营销的销售流程，特别是与大数据和物联网相结合的类型，必将是颠覆式的。

颠覆式销售是一个自我强化的过程。它通过整理和分析更多信息，从而为你的客户和你的公司提供有针对性的信息，你的公司将获得突飞猛进的发展。

颠覆式销售使得公司可以用更少的员工来完成等量的工作。它还能够让你把最稀缺、最优秀的人力资源用在最适合的岗位上。因此，员工离职率会上升，但收购和价值交付流程的自动化也意味着公司的成本将大大降低。

> 颠覆式销售是一个自我强化的过程。它通过整理和分析更多信息，从而为你的客户和你的公司提供有针对性的信息，你的公司将获得突飞猛进的进展。

客户关系管理

顾名思义，客户关系管理（CRM）是一种工具，可以让你管理、跟进公司与客户的关系。CRM 使你可以将所有个人客户整齐地编入各种类型，以便你制定计划并实行，而且还可以监控与他们的各种互动。

CRM 最初是一个关系数据库，但经过系统地开发，现已成为销售过程中的一个主要推动力量。CRM 会提出问题，它会就可能的销售计划给出建议。它确保公司的所有层级作为单个实体（公司）的一部分，而不是作为一系列单元（销售、营销等）接近客户或潜在客户。

不幸的是，CRM 在一些公司中声名狼藉。这是因为旧的 CRM 模式是以一种错误的方式为基础的。它们首先主要应用于 IT（信息技术）项目，对销售流程几乎没有什么真正的了解，而且它们的目标只是每天为销售团队安排日程。这些页面给用户留下的使用感受不太好，客户通常只能通过调用那些并不总是易于访问的服务器来查询信息。

相比之下，今天的 CRM 系统使用起来快速、简单，甚至很有趣，并且可以连接到所有标准的电子设备。唯有对当前销售和营销流程有全面的了解，这些新的系统才能得以应用。当你选择一个系统时，它为用户提供的关于销售和营销流程的见解是额外的价值所在，应该成为一个关键标准，而不是它给出的控制级别或它产生的报告数量。

如今，CRM 的服务主要基于云端，并且有许多种类，可能性、交互页面和价格各有不同。

其他工具

图1.1 社交聆听

来源：©CPI- 咨询

在你开始颠覆式销售应用在项目中之前，同时使用其他一些工具对你大有裨益。这些不仅包括所谓的“社交聆听”（social listening）工具，也就是让你能够实时跟踪社交媒体上跟你公司有关的所有内容的系统，而且包括 Yammer（一个企业社会化服务平台）、Slack（一个团队协作工具）和 Yamla（一种办公工具）等内部沟通工具。

你还需要诸如目标（Objectives）和关键结果（Key Results）之类的工具。这些工具将把新概念顺利有效地引入你的公司。你可以自己购买这些工具，也可以让 CPI 等专业公司来为你安装。

本书中的许多示例都来自各大网站。但是，在这种情况下，“网站”的概念应该从更广泛的层面来理解，涉及各种应用程序和其他电子商店。对客户信息追踪的“应用程序化”正在迅速发展，并且很快将成为大多数公司的标配。这为开发一个全新的自动化营销分支提供了条件，可以用于跟踪客户对不同应用程序的使用情况。

如今，甚至连梵蒂冈也有自己的应用程序——Patrum，有了这个应用程序，你可以享受一次虚拟的梵蒂冈博物馆之旅。当今世界，各种应用程序让人们应接不暇，不久之后，公司将不得不开始考虑，将移动营销作为其整体商业模式的一个重要组成部分。

第二章

改变传统观念：快速与新客户建立联系

新客户至关重要，并且与 B2B 市场的专业人士一样，他们对公司有更多不一样的期望。客户在销售过程中起带头作用。

模仿行为

在任何与消费者行为有关的博客或新书中，作者都会告诉你，今天的客户掌握的信息比以往任何时候都多。这并不奇怪：现代的客户凭借各种移动智能设备可以全天候获取大量信息，并利用这些信息。

客户愿望清单上的具体产品不同，关于这方面的研究数据也就有所不同。即便如此，我们仍然可以得出结论，至少 75％的潜在客户在考虑要不要联系商店之前，首先会在网上查看所选产品的所有信息。事实上，今天的客户往往比销售人员还要了解其商品！

在这种情况下，我们可以很清楚地看到：作为供应商，你再也不能强迫客户继续选择你的产品，客户将自行选择。有选择权的客户万岁！各种研究表明，客户在实际做出真正的选择之前，已经独自进行了 30％至 70％的购买过程。如果供应商不能参与到客户的购买过程中，几乎就没有机会拿下新订单。[1]

至少 75％的潜在客户在考虑要不要联系商店之前，首先会在网上查看所选产品的所有信息。

现代客户正在寻找新的价值和新的购买体验。公司不能停留在仅仅为客户提供完美的产品或服务，因为你的竞争对手也在这样做。同样，新形式的技术可供所有人使用，因此仅靠技术，你将没有任何竞争优势。

因此，“销售”不再仅仅指你为客户提供了哪些实质性的商品或服务。你的价值主张（包括客户服务）等“软实力”往往是将你与竞争对手区分开来的唯一要素。客户越来越倾向于根据这一额外价值来选择产品和服务。不久之后，如果你想获得竞争优势，则相比价格或产品质量，你必须更加重视 B2B 中的客户服务。[2]

客户希望成为流程的一部分，这样他们就可以收获为自己“量身定制”的物质性和非物质性利益。这不仅体现在销售过程中，而且体现在从他们开始收集相关信息的那一刻起的整个购买和使用期间。客户在销售过程中起了带头作用，并且不打算放弃这种主导地位。

因此，现代客户的一次购物过程涉及的不仅仅是直接购买产品或服务，它还涉及公司提供服务或维修产品的方式、解决和讨论问题的方式，以及客户与供应商公司及其他客户联系的方式。一言以蔽之，以客户为导向。

这种新的销售过程还需要一种新的销售方式。事实上，“销售”已经过时了。我们现在处于“销售和帮助”（selping）的时代，是销售（selling）和帮助（helping）的结合[3]，正如我们在 CPI 所描述的那样：“鼓舞人心的、迷人的和可持续的。”

客户的最低期望——由设定最前卫规范的公司和品牌决定。

现在客户对“一般”的定位——换句话说，他们的最低期望——由设定最前卫规范的公司和品牌决定。如果客户有机会自己在线配置产品，下订单以后收到一句温暖的“谢谢”，在购买过程的每个阶段都被告知该订单的进度，能够得知具体何时何地收到货物，并在收货后被邀请就产品和公司的服务给出自己的意见，所有这些很快就会被客户视为每家公司都应该做到的“标准”。

通过这种方式，客户了解到“极速购物”并非不可能；公司宣传语中的“简单”并非难以达到；合理的服务是世界上最正常的事情；他们的想法很重要，他们的意见也受到了重视。对供应商公司来说，消除客户购买过程中的每一个障碍是最佳赢利模式的秘诀所在。

当你向扎兰朵下订单时，如果你对商品不满意，则你随时可以退货。当你通过优步叫出租车时，你可以通过访问一个应用程序，随时获知以前曾乘坐该出租车的乘客对服务的感受。消费过程结束以后，你也可以将自己的意见发布到该应用程序上。

甚至“购买”这个词听起来也更加空洞，因为它听起来像是在说一锤子买卖的事。客户可以在社交媒体上订阅该公司的内容或成为其社区的一员，这些方式都具有一定灵活性。如果你能通过奈飞（Netflix，一家可以让消费者无限次租借影片的公司）观看整个系列的视频，那么你为什么要买一柜子的 DVD？如果你从亚马逊订购了一本新书，收到的时候发现它有折痕，那么你只需向他们发送一封简单的邮件即可。我曾经遇到过这种情况，我在一小时内就得到客服的答复，几天后，他们就给我送过来一本新书，没有问我多余的问题。我可以保留第一本书，他们甚至告诉我可以把这本书转手给其他人！

当然，亚马逊的员工也知道，我很有可能也会跟别人讲这个“免费图书”的故事，而好的客户体验就是它们的信条。

惊喜一刻

2011 年，扎兰朵制作了一系列有趣的电影，拍摄了客户在自己家门口收到扎兰朵派送的货物时的反应，即所谓的“惊喜一刻”系列广告。

从那以后，我们会用“扎兰朵体验”来指代一些我们认为会让客户满意的东西，客户太满意了，以至于想要通过社交媒体分享这一时刻。换句话说，“扎兰朵效应”是评估客户期望的标准。

图2.1 信息图表：社交媒体的影响

来源：©CPI-咨询，数据基于 Warc[4]

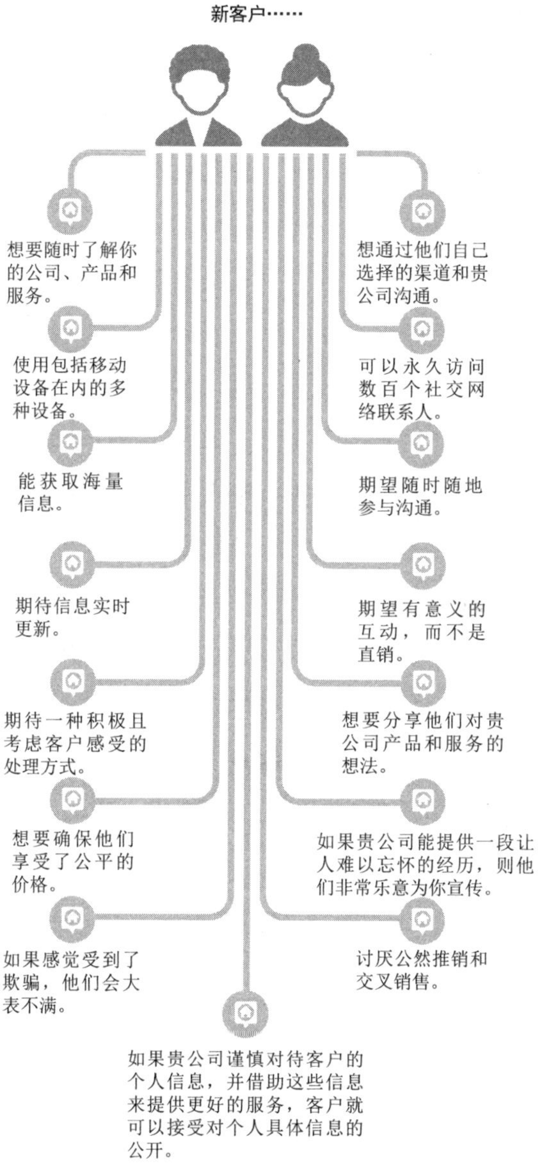

图2.2 信息图表：新客户

来源：©CPI- 咨询

为了应对日益增长的网络销售的威胁，服装店和书店的老板们需要做的，不仅是开一家自己的网店。首先，他们需要找到一种方法，将线上竞争对手提供的客户体验转化为他们实体商店的环境。

但如果他们想要超越线上竞争对手，则他们还需要做更多："如果你对你买的裙子不满意，就把它退回来！你不小心弄坏了裙子，或者弄丢了购物小票，这都不是问题，因为我们非常清楚我们的客户购买了什么。也许你想在浏览网页的时候喝杯咖啡，或者想要咨询一下衣服的颜色问题；也许你想有时间的时候在家里选衣服，这也不是问题，因为我们有在线 APP（应用程序）。"

客户对传统客户信誉卡的日益不满，体现了客户期望的提高。即使信誉卡上安装了芯片，客户也不满意。因此，责任就从客户身上转移到了公司身上，这些责任包括保护客户个人信息，提供超前的、透明的支付折扣方式等。这意味着，无论信誉卡片多么花哨、复杂，这种卡片及与之相关的程序，都将渐渐落后于时代。

现代客户也想创造价值。*LEGO design by me*（自我设计乐高）这个程序允许儿童用乐高软件玩耍，这样他们就可以设计自己的乐高积木。如果你认为这种共同创造的程序仅限于儿童积木，那你就大错特错了。乐高也有一个在线头脑风暴社区，乐高会员可以在那里参与编写乐高的机器人软件。

Giffgaff 公司的发展也体现了客户期望的提高。Giffgaff 是英国的一家电信运营公司，它是 O2 的子公司，而 O2 是西班牙电信集团的一部分。该品牌于 2010 年进入市场，当时它只是一个实验品。如今，却有 73% 的净推荐值。[5]

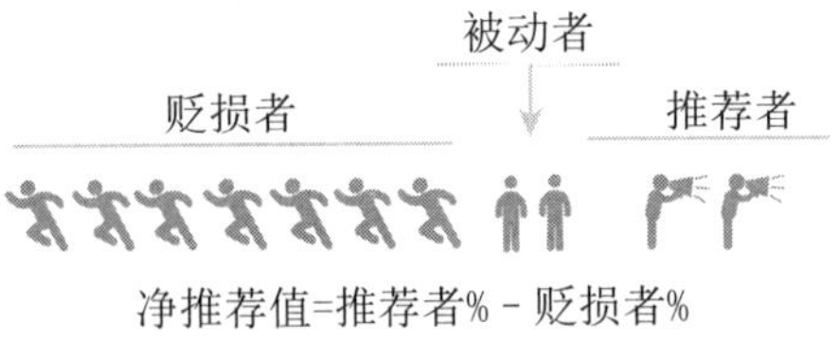

图2.3 信息图表：净推荐值

来源：©CPI- 咨询

起初，Giffgaff就有远大抱负：既要把价格降到最低，又要提供市场上最好的客户服务。大多数公司和客户可能会认为这两个目标不可兼得，但是Giffgaff不这么认为。通过让Giffgaff社区成为他们所有活动的中心，他们同时实现了这两个目标。

在这个社区里，没有客户，只有会员，所有会员互相帮助，并鼓励他们的家人、朋友成为会员；这里没有客服中心，只有与付款有关的问题才由Giffgaff直接处理，而且只是通过邮件处理；所有技术相关问题，都由其他社区会员通过电话、聊天、对点式（peer-to-peer）交谈来回答。通常情况下，问题可以在90秒内得到解决[6]。

帮助他人的会员会得到奖励。首先，他们享有话费折扣，一旦使用这个初始金额，额外的信用金额可以捐赠给客户指定的慈善机构。之后，会员可以赚取一定额度的额外收入。

Giffgaff还提供在线培训，教授会员如何更有效地帮助他人。[7]如果有会员认为自己已经达到专家水平，那么他们可以参加测验，以便区分经验丰富的助人会员和核心助人会员。

总之，围绕这个品牌，他们已经建立了一个完整的社区，这就提供了一个平台。在这个平台上，人们可以就如何优化服务发表想法，讨论的话题远不止最新智能手机的优点；你甚至可以为特定的理念投票，增加这些理念的额外价值。到目前为止，该平台至少发布了1.4万个理念，其中大约10%已被Giffgaff采纳。

O2电信公司还通过其他方式吸引客户、媒体。其中，该公司最具创新性的项目之一是著名的“多养狗”（Be more dog）活动，这是一系列有点搞笑的广告，他们声称，在生活中，狗比猫更有趣，因为它们总是十分冲动，而猫则更谨慎、更精于算计。

图2.4 02公司“多养狗”活动

这一基本理念随后被转化为一种商业模式，消费者通过以旧手机更换新手机，享受到低廉的价格，且不受任何限制。当然，这一完美的宣传噱头得到了社交媒体的支持，媒体的宣传同样精彩，让你可以积累“多养狗”活动积分，并与他人分享。

有些专家会写文章阐述如何改变客户期望值，而这个主题通常是从消费者角度出发的。这些消费者通常指的是亚马逊、扎兰朵、优步、乐高和奈飞等公司分布在世界各地的消费者。这些公司都是白手起家，通过颠覆式方式重塑客户期望值，改变了经典的商业模式，它们也提到了这场革命对传统销售方法、分销渠道的影响。说实话，我也引用了同样的例子，但我有一个重要的限定条件：目前，客户希望他们作为个体在生活中所经历的，不久后也能在职业生活实现。如果你无法在 B2B 领域提供颠覆式的体验，你就会被他人取代。事实上，客户甚至可能自己动手取代你。

> 如果你无法在 B2B 领域提供颠覆式的体验，你就会被他人取代。

荷兰团购网（grouptickets.nl）旗下的廉价火车旅行

让客户知道你对他们感兴趣是最重要的。亚历山大·邦德（Alexandru Bondor）是一名学生，来自荷兰兹沃勒市（Zwolle），他烦透了每次去乌得勒支（Utrecht）看女友都要支付昂贵火车票。但是很快，他就找到了解决方案，荷兰国家铁路服务公司（NS）的团体旅行票下的小字，让他想到了一个好主意。

两年前，荷兰国家铁路服务公司推出了一种团体票，对于前往相同目的地的朋友、社团、体育俱乐部、校友等团体，给予优惠价格。不过，条例并没有规定所有成员必须在同一车站上车，甚至没有规定他们必须乘坐同一列火车。利用这个漏洞，邦德（也是一位电脑程序员）开发了一款应用程序——团购网。

这个应用程序既简单又巧妙。你只需要登录脸书账户，选择一个目的地，并加入当天前往同一目的地的旅游团。如果当前没有前往你要去的目的地的团组，则你可以自己创建一个新的团组，并将其发布到网上。

只要凑齐了10个人，其中一人就可以从团购网上购票。然后，在收到一张证明他们已经买到优惠车票价格的截屏后，用户会将截屏发送给团队的其他成员。使用这个智能系统，一张从兹沃勒到乌得勒支的往返票只需7欧元，而正常价则为29.80欧元。[8]

该网站自2015年5月上线以来，不到6个月，注册用户就达到了6.4万人。

那么，国家铁路服务公司是如何回应这一创造性举措的呢？他们声称确实听说过这个网站。此外，他们还指出，最初他们并没有打算鼓励成立特别小组来获取低价车票。国家铁路公司的发言人马丁·卡曼斯（Martijn Kamans）说："团体票的目的是吸引新乘客，也就是一般情况下只在高峰时段才乘车的乘客。然而，现在看来，受益于该系统的似乎还是现有客户群体。"

"话虽如此，我们希望看到对团体票的各种形式宣传。我们已经与邦德先生取得了联系，并将与他讨论如何才能提供最好的服务，并且增进彼此的利益。”[9]

与此同时，铁路公司与邦德已经达成一项协议，邦德同意终止运营他的应用程序。即便如此，团购网仍然是一个很好的例子，它揭示了消费者如何通过社交媒体给企业带来惊喜。

铁路公司经常会遇到一些问题，而这些问题的解决方案往往是由公司外部人士提出，但却很受公众欢迎。在比利时，一些掌握计算机专业知识的通勤者设计了一款可以查看列车时刻表的应用程序，之后，它迅速得到乘客的广泛使用，比国家铁路公司的应用程序还受欢迎。因此，国家铁路公司发出禁令，要求将这款私人应用从互联网上下架，并辩称：列车时刻是他们知识产权的一部分。虽然该公司在原则上取得了小小的胜利，但却声誉受损。

客户满意度的无形流失

有些公司给他们的商业客户设置了数量惊人的障碍，而这种情况通常是无意之间发生的，并不能给客户的困惑和不满带来安慰，这些障碍通常是由于处理行政事务的方法过于夸张导致的。在一定程度上，每个公司都喜欢控制自己的业务，于是，它们制定了一系列程序、决策标准和权力级别。

在物质层面，它体现为建立不同部门、提供不同服务，每个部门、每种服务都有自己的规则、规章和准则：专门有员工负责监测障碍，并进行维修。这自然而然导致了以公司为中心的运营法则，而一旦需要切换到以客户为中心时，问题就会出现。

其中，许多限制的存在是为了保护收入和就业。问题：你为什么需要那张邮票？回答：因为使用它是某位员工的工作，公司可以因此合理地收取费用。问题：为什么不能用数字化免费计算这个估计值呢？回答：因为那样的话，公司就不需要那么多电子表格和流程图了，这些图表数量庞大，而且需要员工制作，这样公司就有理由向客户收费了。

公司不喜欢用简单的方式处理事情。它们需要向客户表明他们的钱花得很值得，而这往往意味着庞大而复杂的运营体系。

一经授权，终身有效

曾经有一段时间，如果你雇用一名会计管理你的账户，他会每月给你寄一张服务发票，而没人知道这笔钱花在了哪儿。每年，他们会组织一次简短的咨询会议，向你汇报今年的利润（或损失），以及你要缴多少税。当然，他们还会再给你一张发票，让你有这个特权来接收这些信息。

客户越来越无法接受这种方式。会计只是供应商，客户可以有很多选择。因此，想要有所作为的会计，需要问问新获得授权的客户："亲爱的客户，我能为你做些什么？"或者"亲爱的客户，你如何看待我们未来的关系呢？"

如今，客户（包括会计师的客户）都希望能够从众多服务中进行选择：这个可以，那个不行。供应商还要满足他们经常改变想法的需求。现代会计公司的组织、流程和营销需要考虑到这些新的现实。

如果你需要一名新会计，则你可能首先在网上搜索信息。一旦定下了候选人，你将最有可能上网查看你的联系人对你最初的选择有什么想法。然后，你将利用他们的意见和建议，列出一份用来评估其余候选人的标准清单。这些标准可能包括灵活性（自由选择会计软件等），可供参考的服务标准，可选的、有用的额外服务（资产管理、财政控制等），最后，成本也同样重要。

一旦确定了标准，你就可以在网上逐个测试这些公司。

现在，消费者只需要几个小时就可以自己进行市场调查。只需点击几下鼠标，你就能找到各种有用的信息。但这种现象的负面影响是，未能在版面清晰、名气较大的网站注册过的会计很难有市场。现在，人们希望会计师信息百分之百透明。在当今世界，他们需要在网上发布所有信息——包括价格表——以便与其他会计同行进行比较。

这使得会计师与其他所有供应商面临相同困境。换句话说，在客户旅程中，他们需要时时刻刻考虑客户需求，只有这样，他们才能决定他们在什么地方能够发挥真正的作用。未来发展壮大的会计师事务所，能在特定的关键领域为客户提供真正的附加值，以满足客户意愿。

交叉混淆

唯一合理的假设是，现在消费者市场的预期标准将很快成为企业间电子商务（B2B）和行业营销的标准。例如，一个专业客户与他们的会计（和其他供应商一样）的旅程，与在瑞安航空（Ryanair）等低成本航空公司在线订票时的旅程，可能没有太大区别。

在瑞安航空，所有的服务是分开的，客户要为单个服务额外付费，每个服务元素由客户单独支付。从这个意义上说，公司承认客户有绝对的灵活性来引导销售过程。订普通票的客户只能带手提行李，如果你想带更多的行李，你就需要付更多的钱。保险、优惠座位、租车等也是如此。

瑞安航空的官网清晰地列出了这些注意事项，而且客户会指出他们想要什么和不想要什么。这种流程快速、简单、灵活。与此同时，瑞安航空将大部分管理负担（及其成本）推给客户，但这种负担并不沉重。随着数字签到卡的出现，你甚至不需要打印机票。

当然，同样的原则也适用于需要处理文件工作的情况。一旦旅行者习惯了无纸化旅行，他们将越来越希望在工作环境中实现无纸化。对许多人来说，在智能手机上下载一份电子版文件就足够了。如果你的公司里有人回答“对不起，我们这里没有这样的服务”，你很快就会发现自己很难去处理这些文件。

对选错服务类型的客户来说，始终提供一个可接受的解决方案是很重要的，当然，提供可接受的价格也是有必要的。这样，这些额外的交易就不会成为瑞安航空等公司的累赘，反而会带来额外的收入。

> 现代商业模式并没有人工划分 B2C（企业对消费者的电子商务模式）和 B2B 之间的区别。

瑞安航空也有许多专业客户公司，这些公司急于削减出行成本，因此他们会通过公司电脑进行网上订票。爱彼迎（一家联系旅游人士和家有空房出租的房主的服务型网站）也是如此。当你可以与私人客户进行更便宜的 C2B 预订时，你为什么要为商务旅行而与酒店进行 B2B 预订呢？这也适用于专业文学，大多数情况下，人们总是通过亚马逊或 Bol.com 购买，而不是从更昂贵的出版社购买。

现代商业模式没有人工划分 B2C 和 B2B、普通消费者和专业客户之间的区别。这样一来，当他们有需求时，他们就混淆了专业人员的文化期望。

B2B和B2C正逐渐融合

B2C 和 B2B 销售过程的差异正变得越来越小，而且这种变化的速度是显著的。作为消费者，现在的手机技术让我们可以随时随地获取任意信息。当你需要一个新的微波炉、一辆新车、一台新机器或者一种新的原材料时，大多数情况下，你都会用电脑、平板电脑或智能手机在谷歌上寻找供应商。

在这方面，客户在购买机器、寻找服务或选择会计时的态度和方法与他们在网上购买书籍或预订酒店房间的情况大致相同。即使这些情况不完全相同，客户的期望也是有相似之处的。

有些人可能会说B2C销售过程中，特别是在网络环境中，客户与供应商或商业公司的接触越来越少，相反，这种联系几乎总是出现在B2B销售过程中。但这是真的吗？如果是真的，则它还会保持这种状态吗？

B2B在线交易的数量也在迅速增长。如今，自动化系统无法解决的问题往往需要人工干预。B2C和B2B之间的区别可能仍然基于不同的财务结算方法：一种使用简单的现金收据，另一种使用正式发票。也就是说，现在我们几乎都是通过电子或在线支付的。无论你是在客厅的沙发上还是在办公室的椅子上付款，最终都没有多大区别。

由于在公司内部，分工明确、流程清晰，因此B2B购买流程可能比B2C更结构化，涉及更多员工。但有时家庭购物也是如此，可能会有好几位家庭成员参与购买决策和行动。

> 消费者在他们的私人生活中的经历，可能与职业生活中的经历相似。

赋予客户权力这个做法始于消费市场。在这个市场上，令客户不满意的因素都已逐渐消除，现在由客户来负责销售过程。既然已经有了这种令人愉快的想法，那么我们自然想要进一步落实。

因此，我们不再人为地区分我们作为消费者的需求和作为商业专业人士的需求。如果你需要一台新机器或一种新型原材料，则你可以先比较各种选择，保留最合适的，然后把剩下的退回去。这只是一种自然演变：消费者在私人生活中体验到的，他们希望（很快）也会在职业生活中体验到。一旦人们体验过某种理念，他们就会一直保持这种理念！

我故意把“很快”这个词放在括号里，因为我不想催你做决定，我希望你能以自己的速度习惯这个想法。但我建议，你应该拥有个人期望模式，因为作为消费者，你的期望很有可能最终会在商业环境中实现。它可能还没有实现——但你肯定希望实现它。

案例研究

如今，你可以花费 77100 欧元在网上买一辆车。

特斯拉（Tesla）以其 70D 车型吸引潜在客户，是颠覆式销售的典型示例。在该公司促销电子邮件的底部，有“试驾”和“立即订购”的按钮。只需点击鼠标，你就可以花费 77100 欧元购买汽车。

单击“订购”按钮，你就会进入一个非常清晰的页面。每一步都给了简单的指导，包括首期付款。为了给摇摆不定的客户最后一点动力，该网站还解释了特斯拉的回购政策、保证价格，并设置了“特斯拉安排融资”“通过我的银行融资”和“稍后付款或电汇”等选项。

有的品牌特许经营商拥有大型、昂贵的汽车展厅，那么，这种在线销售模式对他们来说意味着什么呢？人们还会想去展厅吗？拥有了在线销售，总体汽车销量可能保持不变，但展厅的工作人员可能会比以前有更多的空闲时间。他们能找到别的工作吗？还是会被解雇？

比利时汽车行业知识与培训中心（Educam）的数据显示：2008 年，消费者在购买汽车前平均参观汽车展厅 4.3 次。到 2012 年，这一比例降至 1.3 次。[10] Educam 2020 年的研究概述了他们对比利时汽车业未来的预测。他们的结论是，从汽车销售中赚钱将变得越来越困难。因此，他们预测，如果该行业不改变赢利模式，到 2020 年，该行业目前约 20% 的就业岗位将会流失。

如今，只有 5% 的消费者是品牌的忠诚用户。他们走进展厅时，会有这样的心理：“这就是我现在开的车，我很满意，所以我将继续使用同一款车。”Educam 公司总经理吕克·德·穆尔（Luc De Moor）表示：“其余 95% 的人都选择网上浏览，寻找新的或更好的产品。”[11]

在 95% 的上网用户中，30% 的人在手机上上网，而不是在电脑上。这意味着汽车网站需要与移动设备兼容。如果我想查看你的车，但在我的智能手机上找不到，则我很可能不会再考虑这款车。

“那么，吸引购买者的最佳方式是什么呢？你需要在数据管理方面进行大量投资，并尽可能多地了解潜在客户及其行为。与过去形成鲜明对比的是，汽车销售商现在需要建立一种汽车加消费者的双重纽带。”

穆尔认为，该行业未来的赢利模式需要注重优质的售后服务。“如今，汽车就像四个轮子的智能手机。在我的经销店，我有一个控制室，在那里我可以追踪售出的每辆车传输的数据。如果控制室的操作员看到一个带式传感器被激活，我们就可以与车主联系，为他量身定做新轮胎，或者暗示他现在是换用冬季轮胎的好时机。”

穆尔的分析是正确的。他唯一的错误是认为你还需要操作员，然而事实上你并不需要。向客户发送警告信号的消息可以完全自动化。所以，客户也可以预约维修，更换汽车，等等。

对客户在线搜索的跟进也大致如此。分析他们的兴趣所在，找到线索，在合适的时间发出有针对性的邀请，等等，这些都可以自动完成。那么销售人员如何适应这一切呢？他们将时间节省下来，在所有这些额外分析的帮助下，他们未来的任务将是加深潜在客户和品牌/展厅之间的互动。他们会以高度个性化的方式为每位客户提供服务。

学会用新眼光看问题

对 B2B 来说，重新出发，以不同的视角看待事物很容易。事实上，你甚至不需要新眼光，已经有几十个模范等着我们去效仿。不要逃避现实，接受新思想，学会用新眼光看问题，这就是把机会转化为销售业绩所需要的！

第一条黄金法则是，你的产品必须与承诺相符。它必须是具体的、符合原则的、可追溯的，以及遵守所有法律法规。然而，这可能也适用于你的竞争对手的产品。

在某些情况下，技术创新可能会有所不同。但更有可能的是，在未来，让你的公司脱颖而出的最佳方式，将是你能够为客户提供的卓越体验。简而言之，你需要让你的产品售卖流程更加简单、有趣。“简单”（easy）和“有趣”（fun）是客户不断光顾的两个重要原因。

今天的客户不断寻求新的价值。那么为什么不以一种既节省时间又让他们开心的形式给他们价值呢？

“简单”和“有趣”是客户回购产品的两个重要原因。

例如，为什么纸板箱和其他包装上的实用小贴士或有用信息很少？像这样的小贴士：“如果你按照折叠线折叠，你可以把我变成一个实用的托盘”或“感谢你使用我们的产品！如果你有任何意见或想法，可以帮助我们更好地为你服务，请通过扫描二维码告诉我们。”说到二维码，为什么你很少能在机器产品的包装上找到？扫一扫二维码，客户可以观看一个教人使用该机器的视频，这会节省客户的时间和精力。

这是异想天开吗？并非如此。在超市，对二维码和近场通信（客户可以通过蓝牙在智能手机上查看的信息）的使用正在迅速普及。

扫描你的螃蟹

帝王蟹供应商挪威帝王蟹公司（Norway King Crab）以一种创造性的方式使用了二维码。客户只需扫描附在帝王蟹上的二维码，就会立即获得大量有用的信息，包括螃蟹的重量、渔夫的名字和照片，甚至一段关于螃蟹的捕捞地——北冰洋和芬兰之间的水域的电影。

图2.5 挪威帝王蟹公司对近场通信技术的实际应用

来源：挪威帝王蟹（图片：娜塔莎·菲罗拉）

客户的体验决定了他们会帮助你打造还是毁掉品牌。

无论是普通客户还是专业客户，其行为差异都已经微乎其微。如今，他们早已不再只关心产品或服务的性质和性能，而对整个购买过程的体验都颇感兴趣。

从客户第一次接触产品或服务的那一刻开始，他们便产生了兴趣，一直到他们决定看看别的产品或服务。现代客户想要自己做选择，并希望选择越多越好。他们还希望做出明智的决定，希望自己选择的时间越长越好。

在当今的市场中，是客户在设定最低要求。如果供应商想与其他商家竞争消费者，他们就必须满足这些要求。更重要的是，客户的需求越来越多。他们不仅想要高质量的商品、快速的物流和优良的客户服务，而且还希望商家能不断带给他们惊喜和快乐。供应商应该竭尽所能让客户对其产品感兴趣，如果他们做不到这一点，他们就要倒霉了。

供应商应该竭尽所能让客户对其产品感兴趣

许多公司仍然没有意识到这一点。他们没有认识到，客户已经变得和以前不一样了，会从所有可能的来源获取信息。现在仍有相当多的公司把客户需要的重要信息放在官方网站极不显眼的地方，以至于只有最有耐心的客户才能找到它们。其中，大多数网站信息透明度不高，这需要引起公司的注意。通常，这些网站到如今也不显示价目表或买家评论栏。

很多公司总是紧盯产品销量。因此，他们忽视了现代市场中取得成功的最新关键因素：发现并满足客户的期望。供应商需要了解客户的感受，并为客户提供附加价值，在某些时候，客户需要附加价值并且愿意为之付费。

如果一家公司能率先将客户的期望转为优质服务，且这家公司有着积极向上的企业文化，以客户满意为服务宗旨，那么，这家公司将在激烈的竞争中脱颖而出，至少在竞争初期是这种情况。

上述内容与一些服务类概念密切相关，如3A原则（authentic、accountable、agile，即真诚、负责、灵活）、客户服务通配符等，我们将在本书后续内容详细地阐释这些概念。

案例研究

Freitag 的成功经验

如果你从Freitag订购了一款包包，Freitag公司就会给你发送各种有趣的邮件和搞笑的照片。

Freitag是一家瑞士公司，由马库斯·弗莱塔格（Markus Freitag）和丹尼尔·弗莱塔格（Daniel Freitag）兄弟创立。自1993年以来，该公司主要生产名牌包和帆布背包，其独特之处在于充分利用了旧卡车防水布、回收的安全带和自行车内胎。每年，Freitag都要再处理390余吨的防水布、1.5万根自行车内胎和15万条皮带。

图2.6　Freitag也为客户提供旧包和坏包维修服务

来源：©Noë Flum，经Freitag公司允许后，方可转载。

实际上，Freitag 提供的这种完美的个性化体验，要归功于其高度的市场自动化。利用订单中的客户信息，公司系统会给客户发送有趣的消息，让客户觉得等待收货的时间不那么漫长、无趣。同时，这也有助于进一步提高公司的品牌声誉。

以下是大多数在线商店的典型场景，你可以将这些场景与 Freitag 的体验进行一下比较。在你下单之前，首先，你需要在 A、B、C、D 型之间进行选择；然后，你需要选择你喜欢的颜色，如蓝色、银色或黄色；这通常只要填写代码，无须手动输入；然后你还要填写收货地址，确认付款信息。下单后，你只能收到一条短信："我们已经接收了你的订单。谢谢惠顾！"

如果你想查看订单进度，你就需要再次登录账户，输入订单号（你肯定记不住订单号了），然后点击屏幕底部隐藏的按钮。如果你有问题，你就可以随时打电话给客服，但只能在早上 9 点到晚上 5 点之间（在午餐时间和周五下午 3 点以后，你是不能打电话的）。而这并不能完全体现公司对客户的友好。

Freitag 也有客户服务，负责包包维修问题。在他们的官网上有一个框框，上面写着：常见问题答疑，请找丹尼（Dani）、塔尼亚（Tania）和琳达（Linda），他们能说会道、经验丰富，肯定能帮你解决问题。如果你不愿意或没有时间给他们发邮件，则你可以拨打这里的号码联系他们。

除了消费环境，服务周到、有趣的 Freitag 体验也可以很容易地应用于 B2B 环境。

就像我为本书索要照片材料时一样，无论谁给 Freitag 发邮件，他都会迅速得到一个有趣且正确的回复。我们也会注意到与公司的不同部门联系是多么简单方便。

FREITAG

联系-客服服务

你直接给丹尼尔、塔尼亚和琳达写信，他们都能说会道，擅长问答业务，一定能帮到你。

填好这张表发给我们，或者打电话给我们（工作时间是欧洲时间上午9点到中午12点，下午13点至17点）

我们期待你的回复!

丹尼尔电话：+41432103348

塔尼亚电话：+41432103252

琳达电话：+41432103346

主题:*

题目:

名:*

姓:*

电子邮件:*

国籍:

你最需要什么服务?

评论:*

发送

图2.7 免费送货上门的Freitag客户服务

来源：©FREITAG

FREITAG

你好，非常感谢你的询问。

我们已收到你的邮件，并将其打印好放入问题栏中。我们乐天派机器人Ga；SH-i2016会定期从问题栏抽出一个问题，念给大家听。然后我们会竭尽所能想出优质方案来回复你，期待你的问题被选中。

其实它的工作流程并不总是这样。不幸的是，由于Freitag在线团队回答问题的速度过快，以至于机器人的液压关节系统过热，因此，几秒之内，GA；SH-i2011的系统就被这些问题击垮了。从那以后，Ga；SH-i2016就转向了互联网，而互联网内存少，电缆摇摇欲坠，用起来不是很方便。所以，我们的人工客服将尽快回答你的问题。

在你收到回复之前，我们3.0网站会尽力给你带来乐趣。

愿你一切顺利！

Freitag在线客服

图2.8 一封有趣的Freitag回复邮件

来源：©FREITAG

第二部分

直面现实，树立销售新观念

第三章

创造独特价值：建立可持续的客户关系

对客户而言，最重要的是你可以为他们创造的价值。本章将围绕该价值进行探讨，以及你需要如何在整个客户购买经历中驾驭这一重要元素。

把客户放在首位

本书此前的内容可能没有让你感到过分忧虑，因为你的公司已经将客户的需求置于首要位置。既然如此，那么你就会觉得没有理由对现有的商业模式做任何改变。

但你确定吗？在你看来，“以客户为中心”究竟是什么意思？你怎么定义它？它涉及什么？它对公司中的每个人都意味着同样的事情吗？销售部门和营销部门的意义是否相同？对提供产品的司机或者维护它们的技术人员来说，这意味着什么？

如果你不多加注意，你公司中的员工可能对“以客户为中心”有五花八门的理解。更重要的是，你对客户说你的公司将以他们为中心，他们也不会特别在意，除非你将这个想法落实到协同行动中，并为他们创造有价值的东西。

因此，公司应该首先为每一位员工准确定义“以客户为中心”具体意味着什么。你想创造哪些额外的价值？这涉及什么？为此，你的不同员工需要分别采取什么行动？

> 每一位员工都需要明白“以客户为中心”具体是什么意思。

让我们谈谈一些极端情况。对某个公司而言，“以客户为中心”可能意味着客户永远是对的。对与这类公司完全相反的公司来说，它可能意味着“尽可能快地获取尽可能多的利润，即使面对的是最微不足道的投诉，也要据理力争，毫不妥协”。

我认为让客户感到幸福是非常重要的。从长远来看，如果客户感到幸福，品牌和公司的价值就可以获得提升。但是，如果你过于注重满足客户的需要，那么你可能会忽视自己公司的需求。这样一来，客户在短期内也许感到非常高兴，但这种情况是不可持续的。完全满足客户的每一个心血来潮的需求，会让公司沦为他们的奴隶！如果你的客户希望物流越快越好，价格越便宜越好（他们有时甚至希望免费得到商品），这就会对你的公司造成伤害，让你的公司失去发展方向。

但是，如果你“以客户为中心”只是为了增进公司的利益，则这也不是良性的商业模式。如果你认为拿下客户是轻而易举的事，你很快就会发现，自己在市场已无立足之地。如今，如果客户对你的产品或服务感到不满，他们就会很快把这次不愉快的消费经历讲述给身边所有人，而不仅仅是在社交媒体上。绯闻永远比新闻时事传播得快，因为绯闻对人的影响更大，而且能在媒体上吸引更多的读者，因此绯闻的传播速度远远超过真实报道。话虽如此，充满正能量的真实报道仍然可以是提升品牌形象的有力工具。

采取恰当的方法以实现“以客户为中心”的目的，也就是说，公司要同时考虑客户和自身的利益。

最明智的选择是采取一种平衡的方法——以客户为中心，这种方法能够兼顾客户和公司的利益。这不仅仅意味着公司要提供最优惠的价格、最优越的条件。从公司的角度来看，以客户为中心意味着，你要有自己的价值主张，能说服客户以一个公道的价格购买产品，也就是说，这个价格能确保你的公司持续发展下去。

这一价值主张必须涵盖累积收益，而公司的品牌定位是建立在累计收益的基础上的。强大、成功的品牌好处颇多，这些好处恰好清晰地体现了品牌追求的目标。换句话说，一个品牌的价值主张就是它吸引客户的优势："为什么我应该购买你的品牌？"[1]

因此，发展"以客户为中心"的价值主张，就意味着要设法满足客户当下的需求，也意味着，在不同时刻、不同情况下，同一客户可能有不同需求。公司必须意识到这一点并相应地调整销售策略。

假设你是一种稀缺原材料的供应商，那么，你的客户将高度依赖你的产品。以客户为中心可能意味着你要问他们："你认为我的产品的合理定价是多少？"当然，你仍然要考虑供需定律，而且你会尽量争取最高价格。然而，你也销售其他原材料，你希望在未来你的品牌会越来越成功。

因此，明智的做法就是，让客户了解你公司里最稀缺产品的价格变化；让客户能够随时下单；或者建立一个系统，让最忠诚的客户先订购一批特定的货物；再或者同时采用这三种做法。这对整个公司大有裨益。

卡拉杰克矩阵（The Kraljic matrix）

彼得·卡拉杰克（Peter Kraljic）[2]设计了一种矩阵，它可以帮助你从客户购买策略的角度，来衡量公司的实力。你的产品和服务对客户有多重要？客户对你公司的依赖程度有多强？是否存在供应风险？对客户和他们公司的供应水平来说，你的产品、服务的价格对产品总价值的影响有多大？

卡拉杰克模型已经问世很久，并为优化、专业的采购策略的形成做出了贡献。更重要的是，它可以用来为矩阵中的每个象限制定一个策略。当然，借助此模型，公司也可以设计与购买策略相匹配的销售策略。

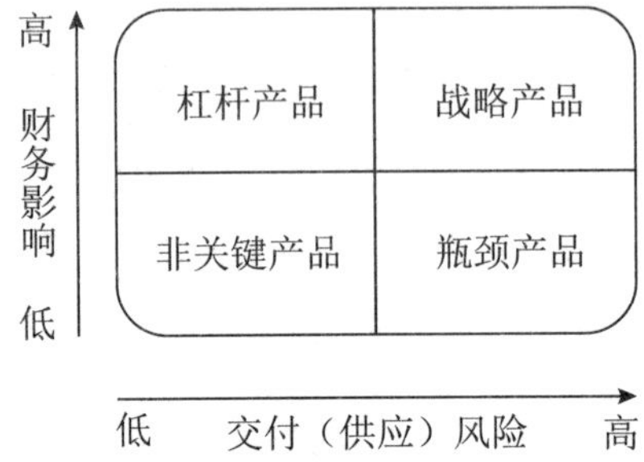

图 3.1 卡拉杰克矩阵

来源：改编自卡拉杰克（1983）

该模型区分了四个产品和服务类别。

战略产品和服务

这些对财务的影响都很大，也就是说，对于购买者的采购流程、采购产品至关重要。由于产品稀缺性或潜在的交货问题，这类产品都有很高的供应风险，供应商也相对较少。

因此，在此类商品的销售过程中，供应商起了主导作用，销售中最重要的因素不是价格而是确保产品可用性、对潜在价格风险的评估。当然，销售中通常涉及的金额很大，这意味着价格仍然是谈判中的重要因素，需要达成一个双方都能接受的解决方案。

瓶颈产品和服务

瓶颈产品金融影响低，供应风险较高。由于金融影响较低，因此公司通常很少进行价格谈判。因此，一家公司与客户大体上处于瓶颈关系时，它往往会发现自己处于一个有利的位置。最重要的是，它可以相对容易地实现价格水平的最大化。

杠杆产品和服务

有着高金融影响和低供应风险的产品消耗了买方采购预算中相当大的一部分资金，但买方也可以在市场上选择许多不同的供应商，转换供应商也较为容易，这也使得买方很容易向竞争的供应商施加压力，使他们能够彼此竞争。

“红海”市场竞争激烈，只有当你的公司不断提高效率，或者拥有能说服消费者选择你的绝对优势时，你才能生存下来。

常规（非关键）产品和服务

而常规（非关键）产品和服务有着低金融影响和低供应风险。这些产品和服务是现货，对公司影响有限。在这种情况下，买方会去寻找最优供应商，以确保价格合理，维持质量水平，订购 / 交付也是直接完成的。

一旦确定了这些参数，供应商就可以相对不受干扰地运营，在买方进行下一轮价格比较之前，以及没有其他因素干扰的情况下，客户可以提供一个更简单、（通常）更便宜的解决方案，让客户能够快速高效地替换现有供应商。

研究结果

CPI 研究不注重价格的供应商的偏好因素。从研究中，我们得出了一些有趣的见解。例如某些情况下，在认真考虑更换供应商之前，客户可以容忍供应商之间高达 20% 的差异。在其他情况下，一点点差异就足以促使客户更换供应商。这完全取决于公司的客户组合战略和其他活跃在同一领域的客户。

CPI 研究表明，卡拉杰克模型在其中起着重要的作用。但是，客户 - 供应商关系还受到一系列其他有形和无形因素的影响，这些因素可能同样重要。在每家公司，通常都有一群客户，他们有特定的、不受其他因素影响的购物理念。然而，与此同时，同一公司的不同客户群体将这些其他因素视为其供应商偏好的关键因素。

利用并不断更新这些信息，以便开发新的客户体验并反映其变化，这是以客户为中心的销售的核心，也是颠覆式销售的重要组成部分。许多公司都固执地坚持一刀切的销售主张，由于这种主张以观察客户为主，而不是当今市场所需要的更具体的销售方法，因此这种严格的一致性的主张令买卖双方心生不满。

有关“以客户为中心”最重要的一点，就是在尊重客户和保持真诚的前提下，为其提供他们在特定时刻所真正需要的东西。公司应该从这一基本立场出发，致力于提供一种有吸引力且满足客户需要的价值主张。

这个价值主张可能意味着你的公司会改变市场上的现有价格。但是，你需要让客户明白，他们必须自己完成所有工作：查看库存、下订单、收集货物、提供运输方式、提供必要的文件等。对某些客户来说，这可能成为一个非常好的价值主张。

另一种极端情况是，公司可能愿意为客户提供全天候服务：由公司来查看库存、订购和储存你认为他们需要的产品，及时打包和送货，使用你自己的运送设施，等等。这样一来，你需要客户来对你的产品或服务以及你为客户提供服务的方式给出意见。

或者，你可以让客户参与一些与他们有关的关键决策。也许，让客户参与设计你的产品或服务是必要的，甚至是个好主意。也许你的公司应该为此专门开发一个电子菜单。在某些情况下，你甚至应该与你的主要客户商讨公司产品或服务的定价。

在一个极端情况下，你跟客户的互动仅限于：你为他们提供产品，他们支付费用。而在另一个极端情况下，你本着“客户至上”的原则，与客户在他们消费经历的每一个阶段互动。甚至有时候，客户能参与公司产品的设计、定价、配送和售后服务。

客户旅程

“客户旅程”（customer journey）这个词的含义就是其字面意思。公司与客户的关系是公司与客户共同的旅程，在旅途中二者会时常相遇。在旅途的每个阶段，你的公司都应该致力于让客户继续享受你的产品和服务。在整个旅程中，客户才是那个手握方向盘做出决定的人。

> 与客户的关系是公司和客户一起共度的旅程。

近年有一个很经典的比喻，将客户旅程与漏斗做了一番比较。该比喻的基本立场是，潜在客户在开始他们的旅程时，脑子里同时在考虑其他产品和可能的合作伙伴。

然后，这些选项渐渐地减少，直到客户做出最终决定，也就是选择了他们最中意的产品和合作伙伴。这个比喻还认为，最自信的（或至少最活跃的）供应商会影响客户的最终决定。

按照这个比喻，公司与客户的联系仅限于一系列特定时刻。具体来说，这些时刻包括：客户看到广告、打电话咨询更多信息、即刻与销售代表联系、销售代表给出提案、客户下订单、收到货物和账单。

销售部门在此过程中至关重要。指引客户完成采购流程的是销售，客户与供应商公司之间唯一的联系将通过销售部门实现。因此，按照漏斗比喻的说法，供应商非常关注销售前的最后一刻。只要客户购买了产品，销售部门和销售人员就能够达到业务目标，供应商就会感到高兴。这是这段关系中的关键因素。

当然，我们也要关注回购和售后服务，但这些事情本身是次要的，我们最重要的目的是形成一种“锁定”局面，也就是说，要让客户难以去找其他供应商来为自己供应和维护货物。

在某些情况下，供应商甚至认为，他们的售后服务入不敷出。[3] 因此，他们更愿意做好初次销售。简而言之，拿下客户的初次订单，就是销售部门的最终目标。

然而，供应商却忽视了下列问题：客户如何获得产品信息、客户如何使用产品、客户对产品的评价，以及他们对产品的宣传。同样，供应商也没有形成引导客户进行再次交易的制度，他们不会主动培养客户忠诚度，而只是盲目自信，相信客户会主动忠诚。

事实上，一旦交易完成，客户跟你就只有这笔订单的交情而已，根本没有忠诚度可言，除非你是一个非常幸运的人。只有当客户急需某种产品，或者可以进行迅速、简便的交易时，供应商才会做出进一步的努力。

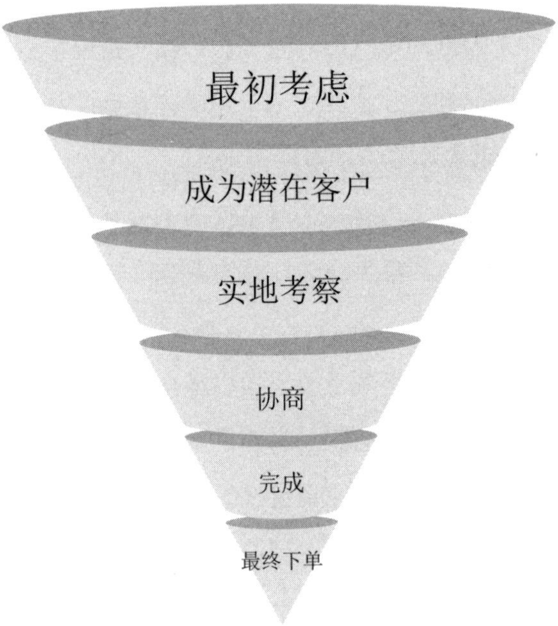

图3.2 传统漏斗深入法：从最初考虑到最终下单

如今，客户和公司都希望长期合作，而真正引领合作关系的却是客户。客户有非常多的机会来收集信息、制定购买决策，并提出服务期望。在现代市场中，客户与产品、公司的关系，已不再是传统的漏斗法所描述的那样。

客户在搜索信息前后，会进行一些横向的迂回调查。这些都是激发客户意见的因素。无处不在的互联网，以及随时可用的移动通信，更是起了很大的推动作用。因此，客户的购买过程不再单一直接，而是复杂且曲折。[4]

客户的购买过程不再单一直接，而是复杂曲折。

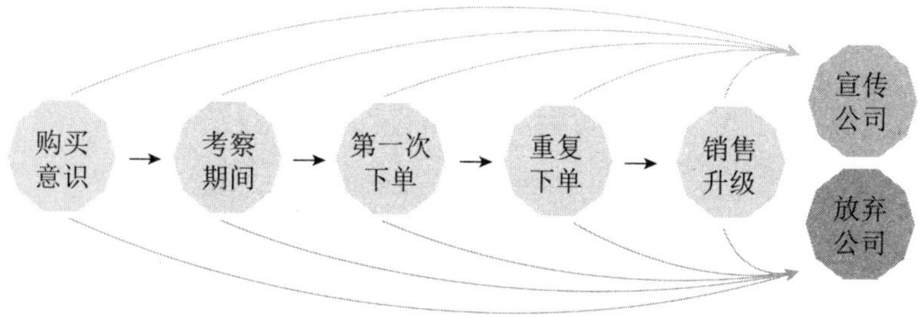

图3.3 在合作过程中，客户随时可以决定继续合作或放弃该供应商。

来源：©CPI 调查

当客户有购买意识时，你们的合作便开始了。在培养客户购买意识方面，奥利奥公司做得非常成功。

案例研究

游戏化：奥利奥扣篮挑战

你听说过奥利奥扣篮大赛吗？在 YouTube（视频网站）上，你可以观看各种扣篮视频，如花式扣篮、长距离扣篮、无人机扣篮、双人扣篮、明星扣篮、倒挂扣篮、读心术扣篮，不过，这里的投篮实际上是把奥利奥饼干扔进一杯牛奶中。

奥利奥还开发了一款读心术软件，它可以监测奥利奥扣篮挑战参与者的注意力水平，让他们通过自己的脑电波控制饼干。研究人员让实验者面对面坐在桌子两端，头戴大脑感应发带，发带会把奥利奥推向他们，然后把奥利奥直接浸入牛奶中，所以这是一场意念力的比拼。

客户购买过程可分为四个主要阶段。第一阶段，客户会产生购买的想法，并在网上搜集相关信息。这是初步考虑阶段。

第二阶段，公司积极地研究了不同的替代方案，对潜在的合作伙伴进行比较，然后列出最有可能的供应商，这被称作主动评估阶段。

第三阶段是实际完成购买的阶段。在这个阶段中，公司需要对客户做出承诺。潜在客户成为真正客户，整个购买阶段就完成了。

在购买完成后，当客户使用并体验他们所购买的产品时，他们会有最后一个较长阶段，即售后阶段：从产品第一次使用开始，到产品生命周期结束，需要更换为止。

在销售之前，作为供应商，你的重点是客户是否有可能购买你的产品。在出售之后，这个重点需要转移到客户是否会回购，是否会购买额外的服务、配件相关的产品并积极推广这些产品。然而，请记住，在整个过程中，客户会不断地收集新信息，与他人沟通，并做出最终决定，这就是我们需要谈及客户决策过程的原因。

在考虑、评估、购买和使用的每一个阶段，客户都在不断地进行新的考虑并得出新的结论，每个阶段也为客户与供应商的接触提供了机会。在这个循环中，客户会采用跟以往全然不同的方式搜索、分析和评估信息。在与潜在供应商的关系中，他们试图扮演一个新的角色。如果他们成功了，客户最终会将他们购买产品的体验传达给其他人，甚至改变他们对产品的看法。

简单的网络访问次数统计并不能提供足够的信息来有针对性地跟进客户。然而，如果你想管理和发展客户关系，用一个简单的 Excel 文件来记录现代消费者的兴趣和问题，已经无法跟进他们经历的各种变化。如今，这一日益复杂的任务需要通过自动化营销工具和客户参与软件来完成。

人类根本不可能完全跟进客户对网站的访问信息，解读访问者在线行为中隐藏的意图。

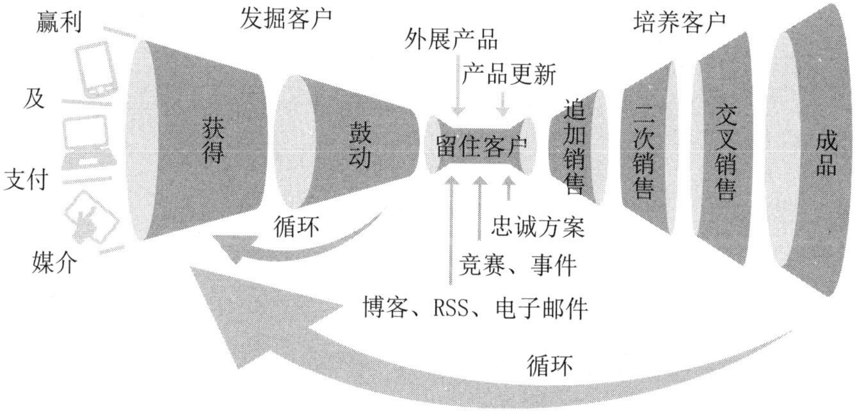

图3.4 从获取到发展

来源：史蒂芬表格

在将网络数据整理出来并将它们转换成可用的度量标准，在恰当的时间用恰当的内容进行适当的操作之前，没有人可以完全参透互联网，更不用说收集、整理、分类和分析（潜在）客户的数字化肢体语言、搜索任务和在线交流。

自动化营销及其相关软件可以实时做好以上所有事情。

85% 的在线访问者只是大体浏览一下网站

85% 的访客花一分钟时间浏览网站，他们并不一定打算购买你的产品。[5] 只是感兴趣故而四处浏览一下而已。

如果你开始跟进每一位访客，用邮件和电话对他们进行轰炸，你就违背了当前的让客户在销售过程演主导角色的趋势。

案例研究

巴塞罗那街头项目——易捷航空

当考虑预订飞往巴塞罗那的航班时，一般情况下，客户会首先对航空公司产品、价格和时间表进行一番比较，同时也会考虑到以前乘坐该航空公司航班时的感受如何。客户会做出选择，确认日期，填写身份信息，转账并打印机票。

在航班起飞前几天，你在航空公司的网站上办理登机手续并打印登机牌。然后你到达机场，放下行李，过安检，排队等位，登机。随后飞机起飞，你希望能顺利着陆，还希望飞机上能供应一些茶点，乘务人员能够细致体贴。

飞机安全地降落在停机坪上以后，你希望能够快速地下飞机，带着所有行李走出机场，然后按照手机上的谷歌地图的指引，前往巴塞罗那的兰布拉大道。

易捷让你在探索目的地城市时，出行更加方便，从而延长了客户旅程。

易捷将此客户旅程提升到了一个新的水平，然而并不是通过额外提供登机前或飞行途中的服务，而是通过延长了客户的旅程，让客户在目的地城市的出行更加方便。他们推出了易捷旅游鞋（easyJet Sneakairs），这是一款振动智能鞋，配有能通过蓝牙连接到智能手机应用程序的传感器。[6] 如果你使用该应用程序制定一次观光旅行计划，这双鞋会通过振动引导你到达目的地，整个过程完全不需要手动操作。

整个系统使用 GPS（全球定位系统）跟踪你的位置。每当你到达一个交叉路口需要选择一个方向时，它会向你其中一只脚发出振动，指示你向左或向右转弯。一旦两只鞋子发生连续两次振动，这代表你已经错过了目的地，或者搞错了方向。三次振动表明你已抵达目的地。[7]

你可能会想：有必要这么麻烦吗？毕竟，你的口袋里有一张地

图：你的手机。首先，如果你不必参考地图和手机导航软件，你走路会更加方便；其次，有了这双鞋，你昂贵的移动设备就不会暴露在所有人的目光下，你被小偷盯上的概率就会降低，尽管你可能很想在观光游览时，掏出手机查看信息；第三，尽管亮橙色运动鞋可能让你在人群中更加显眼，但你不会看起来像是一个有迷路危险的外地游客。

易捷旅游鞋在易捷的巴塞罗那街头项目（Barcelona Street Project）活动中接受了测试。易捷公司正在认真考虑对其进一步开发，以便更好地售卖给乘坐其航班的乘客。

人物

为客户划分类别的一个经典方法（也是以前的一种合理有效的方法）是根据客观指标，例如年龄、性别和所处位置来分类。这些标准还有一个优点，那就是方便归类。但是，如果你想要打造一种以客户为中心的销售模式，你不能满足于这种分类方式。

客户的行为——具体体现为他们如何思考、他们的感受以及他们如何参与到整个客户旅程中——是极其复杂的，而传统的“男 / 女”“年龄小于 25 岁 / 年龄超过 60 岁”“住在布鲁塞尔 / 伦敦”这样的刻板且有限的分类方式无法帮助我们预测客户的行为。

记录（潜在）客户中不同类型的人数是更有效的方法。这些类型通常被称为“人物”。目标群体研究能够通过调查不同类型的人对你的产品做出的不同反应，来识别他们分别属于哪一类型。

你可以从一个非常简单的类别开始，例如，“简单”和“困难”的客户。他们是谁？他们的行为有何不同？他们的偏好是什么？他们有什么不同的需求？他们喜欢什么、不喜欢什么？以这些问题的答案为基础，商家可以划定多个明确定义的人格类型。你甚至可以给这些类型提供名称和面孔，这样每个不同的客户类型都有了视觉形象。

每种类型还可以与客户档案相匹配，客户档案详细描述了客户可能的期望、行为、压力因素和幸福因素。公司的所有员工都应该了解这些档案，并且对客户的了解应该保持一致。

我听说，有些公司在促销材料里直接塑造了不同的客户形象，比如宣传册、海报，甚至是橱窗里的模特。通常，宣传人物的名字就像真正的客户一样：弗雷德（Fred）、弗兰基（Frankie）、塞巴斯蒂安（Sebastian）、简 - 克劳德（Jean-Claude）、艾米丽（Emily）。

公司内部一起讨论如何开发产品、开展营销活动时，总有员工会问："简 - 克劳德会如何回应这一消息呢？"或者"艾米丽觉得这个产品怎么样？"

人物角色使我们能够更好地理解，甚至参与到这些虚构客户的真实个性生活中。[8] 这样做的目的是，让它们各自代表一种特定的客户群体，以便为每类群体制订一种典型的客户方案。他们偏好通过哪种渠道收集信息？他们在什么时候需要这些信息？他们怎么找到你们公司？他们使用社交媒体吗？他们对付费广告有什么反映吗？

每个群体将以不同的方式体验购买过程中的不同阶段。你要清晰地掌握各种预期经验模型，这将帮助你决定向每一类型的客户询问哪种问题。如果你没能用不同的方法应对不同的客户类型，你就无法实现目标。

创建不同的角色类型，并为每种类型绘制一个典型的客户方案。

角色类型是商家用来了解客户行为的工具，创造出它们并不是目的，因此，对公司中的每位员工来说，它们必须保持真实性、实用性。商家一般会归纳出三到四种客户类型，最多不会超过五种。

处理多种多样的客户期望和需求的另一种可能方法是，提供一系列针对性强的产品基本变体。客户能以最适合自身情况的方式，进一步开发和应用这些产品变体。你仅为他们提供基本的平台和构建模块，以便他们能够自己制作自己的定制产品。苹果公司已经成功应用这项技术：客户购买自己想要的手机或平板电脑，然后自己添加最想要的应用程序和配件。

初步考虑

当潜在客户在考虑是否购买产品时，他们会受到不同来源的信息的影响，包括媒体、在交易会的经历、同事们的经历、他们在网上看到的帖子，等等。[9]

这样，一些品牌、信息会潜移默化地影响客户，使他们逐渐对这些品牌感兴趣。当潜在客户开始搜集想要购买产品的相关信息时，他们首先会把精力放在有印象的品牌和信息上。

潜在客户通常不会一直关注一位潜在供应商。他们听说过某种产品，并正在考虑是否购买。但他们最有可能先查询他们知道或听说过的品牌。为了让你的品牌进入最初的候选名单，你首先要确保它能被客户认可和记住。成功做到这一点的品牌，有高于其他品牌 300% 的概率拿下客户。[10]

因此，对供应商来说，被列入客户的初次候选名单是个大优势。但未能实现这一点也并不意味完全没有机会。与线性漏斗方式不同，潜在客户会系统地从他们的列表中逐个删除一些品牌，如今，客户会将他们最初的选择，与之后在网上找到的其他品牌进行比较。因此，他们会添加新品牌，也会删除清单上的现有品牌。

8秒下单的情况再也不会出现

数字消费、移动消费、纷繁的推动因素、限制在 140 个字符内的网上信息都意味着我们的注意力持续时间越来越短。事实上，一般人很难集中注意力超过 8 秒。[11]

这是微软加拿大分公司得出的惊人结论。简而言之，金鱼的注意力持续时间只有9秒，而一个典型的现代“网虫”比金鱼更容易分散注意力。15年前，在我们没有如此依赖智能手机和互联网之前，人类的注意力平均持续时间为12秒。[12] 换句话说，人类集中注意力的能力下降了三分之一。

更重要的是，这8秒钟与人们等待进入互联网页面的时间长短无关。等待的时间只有短短2秒钟，如果他们必须等待3秒钟，大约40%的访问者会立即离开网站。[13] 即使你能留住他们，你也只有最多4秒钟的时间来吸引他们的注意力，并让他们注意到你的核心信息。在最初的4秒钟里，你必须给他们留下足够深刻的印象，吸引他们继续浏览网站。

大约17%的网页被浏览时间不到4秒。只有4%的视频被观看超过几分钟。[14]

当然，这并不意味着在所有事情上，人们的注意力都无法集中超过8秒。如果某件事引起了我们的兴趣，我们可以较长时间地把注意力放在这件事上。8秒钟是我们最初产生兴趣的时间，如何延长时间则是网络营销人员需要考虑的问题。

电视广告也是如此。电视广告的平均时长在15到30秒之间，但制作方知道真正的影响需要在前4秒内产生，否则观众的注意力会开始分散。只有吸引并保持住观众的注意力，剩下的几秒钟才能用来宣传更多产品信息。

孩子们花很多时间浏览视频网站和其他平台，在这些平台上，广告的插入通常会让人感到厌烦。明智的网站试图用有趣的游戏来解决这个问题，以视频网站为例，在这个网站播放广告前，你试着闭上眼睛猜测广告长度，然后在你认为广告已经结束的那一刻点击。

如果你几乎每天晚上都看电视，你很快就会发现，一些广告商还没有意识到广告需要具有启发性和娱乐性。然而，观众总是认为将有关产品效益和公司信息的简介放在广告里并不合适或不受欢迎，广告商可以稍后在自己固定的时间内插入额外的信息。

这就是广告拦截器受欢迎的原因，也是广告商想要限制广告拦截器却得不到支持的原因。简而言之，人们讨厌糟糕无聊的广告。但反过来，优秀的广告、原创广告和创意十足的促销游戏都大受欢迎，尤其是年轻人会一遍又一遍地观看、分享这些游戏。

正面评价

过去，可供选择的品牌和产品有限。而如今，消费者更愿意保持开放的心态，对他们的候选名单进行详细的审查，并添加他们在调查过程中发现的新品牌或新产品。换句话说，对品牌和产品的正面评价比过去更多，也更全面。

当然，这是当代消费者可以获得大量信息的结果。这些丰富的数据允许客户不断地改变他们的选择标准。互联网提供了数百种潜在的解决方案，要找到它们，客户只需从一个网站切换到另一个网站，这可能会导致客户难以下决定或需要更多的研究，从而进一步延长了采购过程。

这时，市场营销人员可以通过开发适当的活动和内容，参与整个流程。你的营销必须确保你只提供最好的信息，并且确保客户感觉到，这些额外的信息让他们更能做出最佳购买选择。避免信息过载非常重要，否则，客户无法看清事情的全貌，将产生怀疑。商家有责任让客户知道，你已经正确了解客户的需求，继而打消他们的疑虑。唯有做到这点，客户才能购买你家的产品。

在某种程度上，这种信息过载是客户自己的错，因为他们吸收了太多跟现代营销有关的信息。他们不可避免地接触到大量信息。商家应该避免用邮件和促销广告对客户进行狂轰滥炸，使情况变得更糟。

商家最应该做的，是说服客户相信他们的公司是陪伴他们完成客户旅程的最佳伙伴。这样做不仅可以让客户将你的产品作为购买选项之一，还可以让你胜过竞争对手。当然，这也意味着，即使你的公司非常幸运，一开始就是客户的购买选项之一，你公司的产品也可能会在之后惨遭淘汰，因为你的竞争对手也会用上述方法赶超你。

你通过努力争取来的公共形象（来自对你们满意的客户的评论或意见领袖的看法）远比你本来的公共形象（你公司的官方网站和社交媒体账号）或者你花钱营造的公共形象（广告、横幅、赞助内容等）更加有力。

在这里，你可以看到正反馈的力量。你的一位客户总是比你更有能力说服其他客户也来购买你的产品。这就是为什么你的公司应该在售后期间与客户保持良好关系。因为这样一来，他们会继续购买配件（或重复购买以前买过的商品），甚至可能促使他们告诉别人，他们对你的产品和你的服务是多么的满意。正如那条古老的营销谚语所说的："免费宣传是最好的宣传。"口口相传尤其如此。

购买以后

直到最终做出决定并进行购买，客户会不断考虑该作何选择。从购买之时起，客户的用户体验阶段就开始了。这意味着他们将评估你把购买之前对他们的承诺履行到什么程度，评估产品是否符合他们在购买之前对产品产生的期望。他们会一一衡量交货时间、用户友好性、性能、能耗以及维护的难易程度，等等。你为促销所做的所有宣传都会经过客户的检验，查看它们是否符合真实情况。

即使在购买完成后，许多客户仍会继续搜索相关信息，包括他们之前不了解的产品特征、其他应用程序、配件、其他买家的消费体验，等等。如果他们的消费体验符合他们之前的预期，这些客户就有可能告诉别人他们的看法，甚至可能成为你们品牌的宣传大使。但是，如果客户发现产品不符合预期，则他们不仅会给商家带来麻烦，而且还会对认识的绝大多数人讲述他们扫兴的购物体验。

因此，让客户尽可能满意是至关重要的，这样他们才能成为忠诚客户，参与到一个正面反馈之中。如果在商家与客户的每次联系中，客户的体验都是愉快的，那么客户将继续青睐你的产品。这样一来，每次他们想要购买相同或类似的产品，都会来你的公司购买，并会向认识的人热情推荐。

商家需要为客户提供好的售后服务，这是老生常谈。但是，你可以通过不同的方式培养忠诚的老客户。简而言之，他们有的是被动忠诚，有的则是主动忠诚。被动忠诚的客户只是出于习惯才再次购买你的产品，这对他们来说是最简单的选择，但他们并不热爱你的品牌。因此，他们将不会努力宣传它，相反，他们会随时被别家好的产品吸引。

较为忠诚的客户信赖你的品牌，对你的品牌有一定的感情，并愿意主动推广你的品牌。因此，你需要把注意力集中在这类客户身上。你的目标是把普通客户培养成忠诚客户，把忠诚客户培养成品牌大使。

今天，由于自动化营销，你可以更好地跟进产品的售后情况，这样你就可以及时响应客户的具体需求，实时查看和分析客户的在线动态，并迅速判断客户的忠诚度是主动的还是被动的。如果你的产品是智能产品，它就可以直接把客户的使用情况反馈给你，你可以使用这些信息来进一步完善客户资料。

社交追踪工具

最近流行将现代客户旅程称为“云”（cloud），这反映出，在这个高度网络化的世界里，客户随时可以改变自己的看法。这个世界总会有新的机会、新的可能性、新的工具、新的信息、新的触发点或新的观点。在任何时候，如果客户愿意，他们就可能从品牌宣传大使变成品牌诋毁者。

这种两极分化意味着，客户忠诚度是个非常不稳定的因素，好评随时都可能变成差评。对我来说，这种云思维是供应商需要关注自动化营销的另一个原因。因为它让你的公司跟随这个时代，并成为时代的一部分。这是随时了解客户真实需求的唯一方法。

因此，通过 Obi4Wan 和 Radion6 等社交追踪工具来了解社交媒体上正在发生的事情是非常重要的。如果用户在社交媒体上搜索你的品牌、公司或其他和公司相关问题，这些追踪工具就能够统计这些搜索帖子。通过这种方式，追踪工具每秒可以追踪数百万个帖子，如果它发现有与你公司相关的信息，会给你的社交媒体服务台发送一份副本。在某些情况下，它还会闪红灯提示你！不管这些帖子是好是坏，你至少知道客户在关注什么，如果合适的话，你还可以回复客户。

如今，网络既可以帮助公司建立声誉，也可以毁掉公司的声誉。如果你不知道人们对你公司的网上评价，就有可能盲目运作。在我的培训课程中，我喜欢谈论的一个例子是，一家大型面粉供应商的不幸经历。这家供应商认为，在当前局势下，有必要提高产品价格。然而，这一决定却是通过语气冰冷的公开信统一公布的。

更糟糕的是，它是在假期发出的。这虽然没有违反合同，但面包师的反应却非常激烈。根据不同客户的不同反应程度，供应商开始做出让步。几位机智的面包师成立了一个脸书小组，结果可想而知，他们分享了各自与供应商谈好的价格，这导致在与其他面包师的进一步交涉中，供应商在价格上做出层层让步。

不久，供应商就意识到这个小组的存在。起初，他们很愤怒，但很快他们就意识到自己的处理方式有问题。这个故事告诉我们，如今供应商应该明白，他们需要密切关注社交媒体。最终，他们甚至专门任命了一位社交媒体营销人员和一位新的商业总监。

在现代市场中，销售成功的秘诀是，快速追踪与你的公司有关的热门事件，因为只有这样，你才能以同样的速度做出反应。你也可以在在线交流中扮演角色，来搜索这样的交流信息，这是非常有用的。在安特卫普（Antwerp）公司，我有一位同事，他曾经遇到过一个互联网供应商——Telenet的服务问题。他很生气，因为几个月以来，他第一次晚上有空，本来打算去看电影，结果去不成了。为了发泄自己的不满，他把这张照片放到了脸书上。

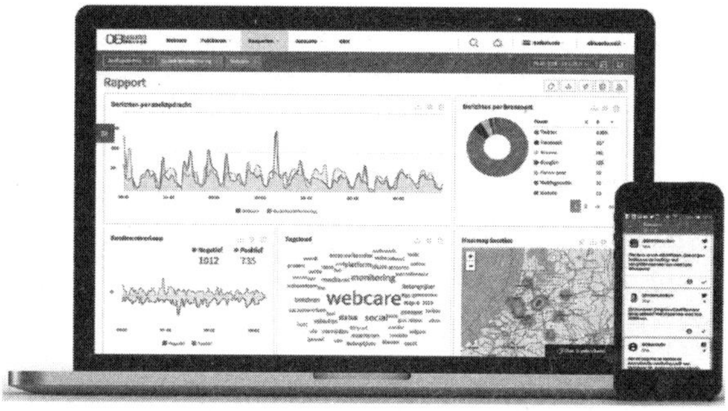

图3.6 Obi4Wan：市场上性能最佳的社交追踪器之一

来源：Obi4Wan

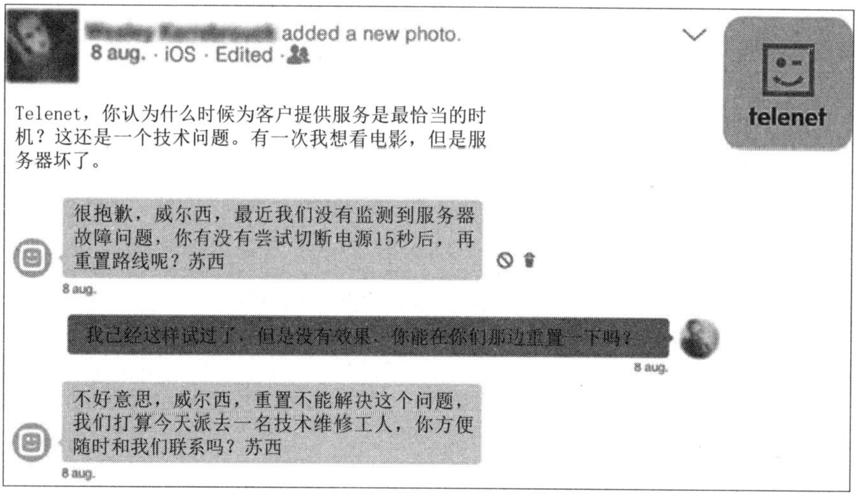

图3.7 Telenet周到的客户服务

来源：©Telenet

Telenet 回复快捷，无懈可击。

我同事也是这样认为的。只有让客户满意，Telenet（或任何其他公司）才能树立回复迅速、服务周到的公司形象，这充分说明了客户逐渐发现使用跟踪器是正常现象，因为他们发现，跟踪器能为他们带来好处。毫无疑问，许多客户希望他们提出的每个问题（或提出的批评）都能迅速自动地得到解决，并且能够得到一定奖励。例如，洗衣机驱动带出现问题时，客户只需要在评论里发布一个有趣的帖子和照片，便可解决问题，而不必给客服打电话。

他们理所当然地认为，该公司的客服会发现这些问题并迅速处理。对技术投资得当、具有前瞻性的公司来说，这种事很常见，但仍有许多公司在社交媒体上令客户大失所望。

美国北岭集团（Northridge Group）曾对消费者进行过一项调查[15]，并得出结论：曾在网上提出疑问或咨询质量问题的消费者中，尽管大部分问题只会在实在无法解决的时候才会提出来，但仍有三分之一的人从未得到公司的答复。47% 接受调查的消费者表示，未来几年，他们打算更多地使用社交媒体，来处理消费者服务问题。

机场的莫顿牛排店

风险投资家彼得·尚克曼（Peter Shankman）登上飞往美国纽瓦克的航班时饥肠辘辘。他给莫顿牛排店发了一条推特，问他们能否在他两小时后抵达机场时，给他送份牛排。莫顿一直都有这样的业务。

莫顿牛排的故事是一个经典的例子，告诉你如何倾听和回应社交媒体上的评论。这也证明了，为你的品牌获得有价值的媒体关注、客户友好度是多么容易。而这种服务方式，在未来几年将变得司空见惯。

值得一提的是，尚克曼在推特上有 10 万粉丝，而他又是莫顿餐厅的常客，所以那条发布于2011年1月16日的推特被众所周知[16]，也因此创造了前所未有的国际曝光率。

因此，许多国际旅行者决定在下次访问美国时光顾一下他们的牛排馆。他们获得了全球范围的知名度，其利润不可估量。

图 3.8 彼得·尚克曼对莫顿牛排店的推特

接触策略

在与客户接触的每个时刻，每一次经历，都有可能促使客户做出下一次决定。因此，你要知道在双方接触时，哪些时刻对客户影响较大以及他们在这种时刻对你的期望，这一点很重要。一旦你知道了这一点，你就可以让这些接触时刻对客户和你的公司更有价值。

一般情况下，客户会在互联网上寻找他们需要的信息，访问潜在供应商的网站，收集他们需要的数据。因此，网站是与潜在客户建立第一次联系的首要手段，第一次接触需要立即标记客户所需。客户期望的不仅仅是“一些信息”，他们期望在客户旅程的特定时刻得到他们需要的信息。

另外，他们希望，这是用一种他们能够理解的语言表达出来的，其形式能够允许他们进入客户旅程的下一阶段。除此之外，他们还希望自己随时能够便捷地获取这些信息。因此，在网站中使用动态内容至关重要。本书后面的章节会详细论述商家该如何做到这一点。

客户会自行决定何时准备好进一步调查，并使他们的意图具体化。当他们联系你的公司时，你大可确信他们已经与其他潜在供应商进行了深入的联系。如果客户只是想要获取更多信息，则你只需要提供给他们，不要急切地说服他们购买。当然，你可以建议（一定要委婉）一系列可能的后续步骤，甚至可能是一两个行动，不能更多。忽悠因纽特人买冰块的事现在已经没人干了。

购买后，客户怀有同样高的期望。如果产品破损或有缺陷，或者存在其他问题，客户会要求商家立即解决该问题或立即换一个新的给他们。

忽悠因纽特人买冰块的事现在已经没人干了

客户在买到理想商品之前的购物之旅涉及与贵公司和其他商家的多次联系。如果你能够发现并发挥主动性去掌控这些时刻，你将在竞争中获得优于竞争对手的优势，让该客户购买你公司的产品。如何让你与客户接触的机会更有价值？你应该采取什么方法？你应该给客户提供什么信息？你的竞争对手在做什么，你觉得他们对此会作何反应？

有些时候，你不必等到客户来主动联系你的公司，你可以主动联系他们。如果你已经收集到了对客户来说很重要或他们感兴趣的信息，你可以通过发一封邮件或打个电话把这些信息传达给他们（注意不要太热切地向客户推销）。当然，如果在客户参考的论坛中也有相关内容，这对你的公司也是有好处的。

当然，重要的并不仅仅是客户与贵公司直接联系的时刻。如果你愿意付费，网页上的广告空间的卖家将很乐意告诉你潜在客户在搜索哪些产品或服务，以及他们已经查看过哪些其他商家的网页。这样一来，你就有机会通过各种媒体主动联系这些潜在客户并提供他们需要的消息。

在 B2B 环境中，人们产生了越来越多的想法，这样公司就可以从社交媒体收集和提取信息，然后出售商品。

一个典型例子是达塔尼兹公司（Datanyze），这家公司巧妙地利用了一个情况，也就是一个网站的自动化营销与特定代码的使用是相关联的，只要使用正确的软件，就能识别和破译这些代码。达塔尼兹公司发现这一情况以后，便告诉自动化营销公司哪些公司在其网站上安装了自动化营销。大多数自动化营销项目都从免费试用开始。这样一来，每个人都能发现甲公司对自动化营销感兴趣，并且目前正在测试乙公司的系统。其他公司发现以后就会尝试，并且试图说服潜在客户在做出最终决定之前尝试一下其他系统。

目标和可持续性

你的公司能源源不断地培养忠诚客户，这样固然很好，但如何将它运用于提高销售业绩呢？说到底，你的业务仍然是为了赢利，这就意味着你要提高销售业绩。

实现销售目标的压力无处不在。然而，与此同时，你需要以客户要求的速度、方式来为他们服务，这些都是商业公司需要应付的压力。即便如此，你也必须避免以下这种销售方式：一开始，你就跟客户这样说：“现在就签吧，否则这笔订单就不算我这个季度的业绩了，我也无法拿到奖金了。”近几十年来，正是这种态度让销售行业名声扫地。曾经，有些销售人员为达到目的而对客户咄咄逼人，如今，这样的策略已不适应当前的客户文化。

如今，如果你想提高销售业绩，你就不能时时刻刻跟进客户。如果你给客户太大压力，他们就会换 家供应商。

曾经，有些销售人员为达到目的而对客户咄咄逼人，如今，这样的策略已不适应当前的客户文化。

学习 Salesforce 重塑的销售方法

自动化营销可以让你实时了解你与现有客户、潜在客户的关系。但事实上，利用自动化营销并不意味着你将不会再犯错误。有些卖家过于顽固，他们主要的缺点是，一旦觉察潜在买家的购买意愿，他们希望可以立即完成交易。他们会像公牛一样冲进大门，所以他们经常会吓跑“猎物”。

例如，Salesforce 是一家出色的公司，他们的云软件产品也很出色。1999 年，该公司由马克·贝尼奥夫（Marc Beniof）和帕克·哈里斯（Parker Harris）创建，目前是全球十大 IT 公司之一。2004 年，Salesforce 公司上市，当时只有 400 名员工。如今，该公司拥有 13000 名员工，在 2010 年至 2014 年间创造了 50 亿美元的营业额，连续 4 年被《福布斯》杂志评为最具创新力的公司。[17]

如果你比较一下市面上所有的 CRM 系统，你会发现，Salesforce 系统无疑是质量最好的，他们的网站提供了一个范例，告诉你如何帮助客户了解最新的技术成果。

然而，他们的成功源于“销售轰炸”心态、常见销售模式，也就是从领英个人资料中提取冷呼叫详细信息，努力促成交易。后来，Salesforce 调整了这种模式，使它更加倾向于协商型，这大大地提高了他们的声誉，带来了不错的销售业绩。

只要从事在线工作，就有更多的机会与更多的网民保持关系。所有规范的在线工具都可以用于此目的：电子邮件、在线广告、社交媒体及在线视频等。

简而言之，这些工具包括所有可以用来打包内容，并在恰当的时间以恰当的形式向客户交付价值的工具。客户也期待多多进行即时联系，当他们想要某样物品的时候，他们想要立刻买到这件物品，而供应商必须能够轻松、快速地找到这件物品，并确保不会出现任何问题。建立在线关系就像建立真实生活中的关系一样。

首先是发现阶段，然后是探索阶段，接下来是评估阶段，在此阶段，客户将仔细权衡购买标准，最后做出选择。只要双方相互尊重，互利互惠，交易就会相当顺利。

就像你可能会尽量疏远那些经常吹嘘自己的人一样，潜在客户也会尽量避开那些爱好反复吹嘘自己产品的顽固卖家。

社交媒体上的 4-1-1 销售规则

你需要利用 4-1-1 规则在社交媒体上和新客户建立关系。[18] 这个规则是由 Tippingpoint 实验室和内容营销教父、内容营销研究所创始人乔·普立兹（Joe Pulizzi）开发的。

4-1-1 规则规定，只有在你转发了一条相关产品推文，并分享了其他人写的 4 篇相关内容之后，你才可以推销自己的产品。

因此社会营销应首先拖网捕鱼，看看哪些外部信息可以共享，以支持自己的信息，而不是在毫无准备的情况下，就开始推销自己的产品。

客户忠诚度和可持续性是密不可分的。维持一段长久关系的秘诀是在合适的时候开始这段关系。你需要尽早与客户联系，在客户购买过程的早期阶段，你可以用恰当、谨慎的方式向（潜在）客户提供一些适用信息，这样一来，他们就会了解你，并将你视为潜在合作伙伴。

但要做到这一点，你必须设置永久可访问状态，还必须不断注册和重置新数据，这些数据与你和客户的关系密切相关。如果客户提出要求，你就要向他们提供具体、准确和最新的反馈，而且速度要快。在旅途中引导客户，除了卖给他们产品，还要考虑更多细节。

可持续的关系并不会给客户带来压力。

如果（潜在的）客户逐渐被你提供的信息所吸引，从而有了购买的想法，那么他们很有可能将你纳入评估阶段。在这个阶段，他们也会回忆他们以前的（令人愉悦的）购物经历。他们不会迅速做出决定，你需要有耐心，毕竟或许他们想进一步了解在线服务，或者是想确保同事们也有购买意愿。

但在最终做出购买决定的那一刻，客户会希望立即收到商品。到目前为止，他们虽态度谨慎，但也会有所期望。如果你成功地以正确的方式回应了这种期望，你就有希望与客户建立可持续关系。

可持续的客户关系意味着尊重客户，也意味着，你公司的股东会支持你的商业策略。也许如今，公司的赢利比过去要慢，但能持续赢利。而这种持续，能够带来长期的成功。

客户的主场

为客户提供价值与达到自己的销售目标是截然不同的。在现代市场中，你需要提供能“推销自己”的价值，因为它是客户想要的。

客户在购买之前会比较不同的产品。即使在购买之后，他们仍然会比较购买体验。客户是否会购买产品然后为你宣传不再仅仅取决于产品的质量。如今，它还取决于你让客户参与整个购买过程的方式以及你提供的服务质量。从本质上讲，客户已成为购物者。他们现在开始采用当初作为普通消费者所学到的行为。如果他们不满意，他们就会选择其他更好的商品。你需要确保你能够吸引他们的注意力，让他们感兴趣。

当今客户和潜在客户比以往任何时候都更善于通过各种渠道搜集信息，这有一大好处，那就是他们会更容易了解到你的价值主张。如果你从早期阶段就以一种恰当的方式为客户提供信息，则他们对理想产品的追求将对你有利。从本质上讲，今天的客户和潜在客户可以用自己的方式找到你的公司，而不是你找到他们。这大大减少你的工作任务。你需要做的只是确保你在他们的购物之旅中设置了正确的指示牌。

现代客户手中掌握了更多的权力，但与此同时，他们也已经同意接管许多以前由供应商负责的任务。成功的公司会巧妙地利用这些对其感兴趣的客户和潜在客户的好奇心。这些客户几乎会不停浏览互联网和社交媒体，以便亲自完成传统销售过程的大部分，这么说一点也不夸张。

客户在寻找理想产品的过程中会为你提供很多信息，这样你不再需要自己去找了。客户通过在网页上勾选和填写表格也留下了各种详细信息，你的公司也不需要再去费力搜寻了。你可以立即分析和解读这些丰富的数据，从而使你能够提供更多客户感兴趣的解决方案。

话虽如此，这种开放的商业模式需要你改变心理态度，体现在具体行动中便是采取一种适度的商业模式。

但是，采取一种更为克制的销售模式，给客户更多自由并不意味着撒手不管。它意味着去跟随客户的旅程，尽可能提供帮助，但不能直接指示他们应该如何做，限制他们的自由，侵犯他们的权利。你必须先给予价值，然后才能获得价值。这涉及很大程度的许可营销：你只做客户允许你做的事。如果客户在相当长一段时间内对你的产品都很感兴趣，你当然可以向他们发送两到三封邮件询问，但不能多于这个数量。在客户第一次访问你的网站后跟踪客户的电话只会适得其反。

对那些习惯过去“硬性销售”（hard-sell）文化的公司而言，这种转变通常很难实现。常言道：“旧习难改。”奉行传统销售理念的销售经理通常要求营销部门的同事提供网站访问者列表。借助清单，他们通过电话联系这些访客，通常是为了说服他们同意见面，因为他们认为只要见上一面，通常就能拿下这些客户。

也许在过去这种方式很有效，但现在情况不一样了。如今，这种自信的方法会让潜在客户不再信赖你的公司，进而对销售动机和回报产生不可避免的影响。

采取保守的销售策略，就是让客户根据正确的、透明的和最新的信息做出选择。如果你想和客户建立一种真诚且互相尊重的关系，你就要像对待合作伙伴一样对待他们。你可以假设，从产品选择到服务类型，客户做出的每个决定都是经过深思熟虑的，而且都是有意识的自主决定。这样，不用费太多工夫，你就可以发现客户想要什么，并且制定一个符合他们期望的价值主张。

如果客户在销售过程中起主导作用，如果他们清楚地知道自己在选购的每一阶段想要什么，如果他们能得到你的理解和倾听，如果你对客户旅程的投入既高效又鼓舞人心，那么，你就有理由假设客户是满意的，而客户满意便意味着赢利。更重要的是，让客户满意才能将他们培养成忠诚客户，而高度忠诚的客户又有可能成为品牌大使。在现代市场上，品牌大使非常重要。

交货

请按合同交货。无论我们是谈论信息、产品还是服务，按合同交货都很重要，因为专业关系更基于理性，而不是感性；这种关系中固有的道德期望，也会通过签署合同或书面订单而转化为术语固定下来。这样，发货时，客户便可与合同或订单进行核对，以确保你是按约定办事的。如果所有物品都是有形的，如果所有物品都能计数、分类，并能整齐地包装在盒子里，以进行装载、运输、卸载、拆封、储存，那么签订合同就很容易。只要产品或服务没有额外需求，这些就都可以实现。

但在现代市场上，成功还取决于你能否提供其他隐形利益，而隐形利益很难具体呈现。例如，仅在网站上放置一个电话号码，并不能保证客户总能随时联系到你。

当你需要对销售体验、用户友好度、交货速度、产品易用性、特定环境等方面做出承诺时，那就更难了。如果你承诺为客户提供便利，客户就将自己确定便利的范围。如今，客户希望公司了解他们的偏好。他们知道，公司会在网上收集、处理客户具体信息，尽管这样有时会侵犯他们的隐私。客户可以容忍公司的信息追踪，但他们希望能够得到最优服务。

> “什么，你的意思是你在发货前没有给我发短信？你知道我工作有多忙吗！不知道！你怎么回事？你没去领英上面查看吗？”
>
> “因为我最近在脸书上发了一张度假照片，所以你应该知道我去滑雪了。那你为什么不给我修改保险单呢？你是说你从来不看脸书吗？请问，你生活在哪个世纪？”
>
> “你们太不专业了！你需要去读一本关于颠覆式销售的书了！”

诸如此类言论远比你想象的要多，而且往往内容丰富，且带有浓厚的情感色彩。

客户期望积极主动的沟通，否则，他们就会觉得自己被骗了。在社交媒体时代，没有及时、准确沟通就像在烟花厂里划火柴一样，你随时会引火烧身。更糟的是，客户会认为你的服务非常差劲。如果客户认为他们受到了不公平的对待，他们就会进行一些让人难以想象的“报复”。

大体来说，客户不满意的主要原因有五个：

1. 承诺太多，兑现太少；

2. 你没有主动沟通；

3. 你们提供的服务不符合目前的严格标准；

4. 有些渠道你追踪不到位，从而无法了解客户信息；

5. 你单方面做决定，没有让客户自己做选择，也没有咨询他们的意见，这样做会激怒客户。

公司需要有明确的定位，你有必要向市场清楚地传达自己的立场。如果以最便宜的价格出售非创新产品是你价值主张的一部分，则你需要在销售过程中做到这一点。如果你这样做了，在其他领域，你就会得到正面评价。如果你承诺成为最具创新力的人，或提供最好的服务，但实际上，你的创意或对客户的友好度没有你之前承诺的那么高，你就将面临严重的信誉问题。

记住，你对客户做出的承诺并不总是客户所期望的，这一点也同样重要。当涉及客户体验时，同样的词对不同的客户有不同的含义。

你的公司需要与时俱进，这意味着你价值主张的侧重点也会改变。但是你有不断调整你的网站和产品基线吗？如果没有，客户就可能误解你。如果你网站上发布并推广一些产品和服务，那么，新客户和现有客户也希望在实际中收到这些产品和服务。

客服接听了你的电话，在把你的信息转达给他的同事、经理，甚至回转给你时，他可能就会对你所传达的信息有不同的理解。电话最多能响多少声？五声吗？那么我们是先让电话响五声再接呢，还是第一声就接呢？在报价或下订单时，怎样的速度才称得上快。

在整个购物过程中，你把这些内容表达得越明确，就越能为客户提供符合他们要求的体验。

在创造价值和兑现承诺方面，首席执行官扮演着至关重要的角色。他们需要在公司的各个层次上进行沟通——从上到下，从横向至纵向——准确地表达公司的立场、服务种类、服务情景。与所有良好的沟通一样，这需要针对特定的目标群体来调整形式和内容。不管是在重点还是在语气上，你向会计和向叉车司机传达同样信息的方式都不一样。

公司上下保持信息一致很重要。例如，经常有定价政策被修改，而营销和客户服务人员却没有意识到这一点。销售人员为了赢得订单而竭尽全力也是很常见的事，但却没有把这个重要的消息传达给其他部门的同事。

在公司里，每个员工都要做出承诺。提供符合客户要求的客户体验的唯一方法是确保每个员工步调一致。而且流程的自动化并不会消除人与人之间良好而清晰的沟通。

价值分离

作为卖方，你要做出承诺。另一方是客户，他们期望你的承诺（和提供给他们的）正是他们想要的。换句话说，客户需要量身定制的价值主张，也愿意为对他们有价值的东西付出代价。在他们眼中没有价值的服务都是一文不值的。

简而言之，购买过程不仅仅是贵公司做出承诺并践行它，它还涉及为客户提供在当下对其最重要的价值。许多公司过分关注如何履行承诺，而并不知道（或在意）这种承诺所涉及的价值实际上是否是客户期望或需要的。公司要想搞清楚这一点，就必须就这个关键问题咨询他们的客户。

许多公司过分关注如何履行承诺，而并不知道这种承诺所涉及的价值实际上是否是客户期望或需要的。

客户有可能会对你在整个客户旅程中所做的事情感到满意，并会非常重视你提供的服务。但同时，客户还可能会对你在整个客户旅程中所做的事情感到满意，但一点不觉得那很重要。

这种情况下，你给客户留下了深刻的印象而没有真正给他们想要的东西，相当于公司的钱打了水漂。一旦发生这种情况，你就需要再次考虑你们公司的销售模式。更糟的情况是，你为客户提供了他们很重视的东西，但他们仍然完全不满意。如果是这样，你需要找到一种更好的方式来为客户提供你创造的价值。

下面的网格图总结了不同的情况以及各自的应对之策。

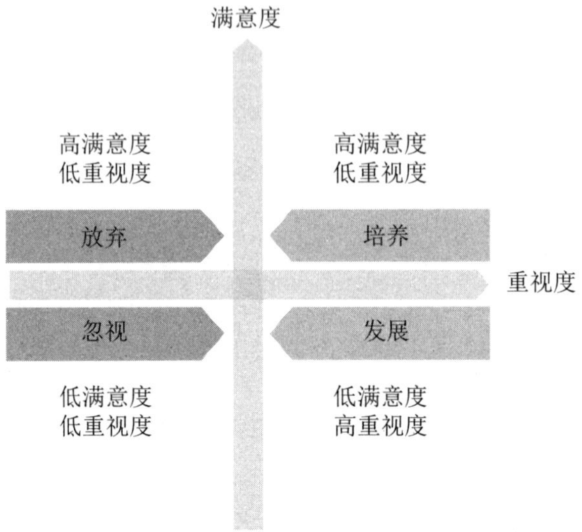

图3.10 优先性网格

来源：©CPI 咨询

横轴表示根据客户认为的重要性来衡量的价值高低。纵轴表示该价值给客户带来的满意度。公司应该询问客户以下两个问题："× 有多重要？"和"你对 × 的满意度如何？"

我们可以详细检视公司为客户提供的价值。事实上，这种微调就是我们的目标。你在客户旅程中每次为客户提供的价值都包含多种不同的价值要素。识别并且区分这些不同的元素非常有用，这一过程称为价值拆分（value debundling），每个元素都可以具有财务价值（即组件货币化）。

我们以一桶油漆为例。从一个角度来看，油漆只是油漆。但对需要解决一个问题的人来说，他对这一桶油漆会有不同的看法。这桶油漆很快就不再只是一个"明码标价的商品"，它现在是一个具有不同成分的产品，每个成分都有自己的价值：价格、包装、认证、颜色、透明度、易用性、纯度、可用性、再次购买时的保证可用性、与原材料价格变化有关的保证等等。

关于这些成分，可以这样提问：

·“× 要素有多重要？”

·“你对 × 要素有多满意？”

·“如果你能确定 × 要素与你的期望完全一致，那么你愿意为 × 要素多支付多少钱？”

不同的客户对你价值主张的不同组成部分重视程度不同。他们对每个成分的重视程度将反映他们的环境及运行条件。

各个成分的价值因客户而异，并且处在不停的变化之中。

客户对不同要素的重视程度一直在改变，这一点很重要。他们购买了你的产品，却毫不在意你的公司是否提供 24 小时服务。为什么？因为这会对价格产生影响，而那时价格是客户最重视的一个要素。但是，如果客户后来发现，他们更重视你的产品或服务，那么提供 24 小时服务就比以前更重要了。这些是客户期望可能发生的变化，你必须了解这些变化。

因此，你公司的价值主张不应仅符合客户初次购买时所表露的意愿，还要考虑到许多其他可能情况。你要为每种情况提出合适的解决方案，制定恰当的定价策略。有些问题无法立即预见，但仍需为之提供解决方案，对于这些问题，你可以向客户收取少量（或较多）费用。

但是，你应该如何识别和阐述这些替代方案呢？你可以运用你的想象力，观察你的客户，主动与他们交流沟通；也可以查看并弄清楚他们的业务模型、工作方法；倾听他们与其他客户的交谈内容，分析谈话中的高频词，识别客户经常表露出的情绪，总结出常见问题。

价值元素的重要程度因客户而异。有些元素至关重要，有些无关紧要，有些则时而重要时而不重要。一旦意识到这一点，你就能专注于对每位客户都至关重要的元素，而不会浪费时间在不重要的价值元素上。

如此一来，你便可通过不同的方式来接触不同的客户群体，为他们提供他们最需要且愿意付费的价值，这叫作价值匹配（value matching）。例如，基本产品可以配备额外的定制元素，这取决于它的具体功能。以油漆行业为例，公司可以考虑多种客户需求：倾向于低廉的价格（普通油漆便可，无须额外价值包装）；重视商品耐用度（颜色持久型油漆）；注重舒适度（易干、易用型油漆），等等。

如果你想做得更好，你就要为客户匹配适合他的价值元素需求，这样，你可以根据客户的个人资料，轻松地为他们提供独特的产品—服务组合。例如，油漆销售与零工服务相结合。当然，这些组合必须预先完善，作为一个完整的产品或服务出售。

以这种方式匹配价值元素和客户资料，还可以帮助你引进提示系统。有了这个提示系统，你就可以根据客户的个人资料，向他们推荐特定的价值组合。在线分析问卷是一种更高级的方式。客户会回答问卷上的一系列问题，提出他们的需求，以及他们是否准备为此付费（或支付更多）。有了这些详细信息，你就可以为每位客户定制专属方案，为进一步协商打下基础。

如果每次与客户接触时，你都了解他们看重哪些价值元素，并在整个客户旅程中整合这些元素和由此产生的级联效应（cascade effect），你就会获得更多客户信息，进一步提高自己的业务。一个清晰明确的价值主张能帮助客户做选择，所以你要确保你的价值主张清晰无比。

> 一个清晰明确的价值主张能帮助客户做出选择。

如今，客户会列出自己的选择标准，然后在互联网上搜索能够满足这些标准的公司，这种方法简单、高效。然而，如果你公司的价值主张过于模糊、笼统，你就会错失机会，无法让你的公司、品牌在市场上脱颖而出。

一些公司可能会说，“我有引人注目的公司标志”，或“我的产品颜色很抢眼”。这些确实可以让你的公司与众不同，但这些作用并不显著。华丽的商标和鲜艳的色彩肯定有助于提高品牌认知度，然而，这些因素并不能说服客户购买你的产品，除非在表象之下，产品同时具有独特的价值。

客户体验设计

在客户旅程中，通过找出每个体验点上客户看重的价值因素，你可以提前知道影响客户进行性能评估的因素，然后，制定一份包含这些因素的价值主张。与你的竞争对手相比，这些因素会对客户产生真正的效果。通过结合所有这些信息，你可以在整个客户旅程中设计完整的客户体验。

瑞典家具公司宜家（IKEA）是客户体验设计的先驱。宜家是第一个为客户设计出完整旅程的公司，从根据路标找到店铺，再到在家里组装家具。它也是第一个将其价值主张与客户的情感体验相协调的公司。与此同时，公司也继续完善自身的核心价值观，吸引了大量客户。

宜家的客户旅程可视化是由 G-CEM 公司研发的，该公司还开发了优化客户管理的模型。

不同的接触点在时间上是线性映射的。最后一个接触点是最重要的，因为这决定了客户离开商店时的感觉。宜家让客户体验到，光顾他们店的福利（低价、现代设计等）远远超过了不满的体验（繁忙的停车场、结账时的漫长等待、自己动手组装等）。

宜家是一家经济实惠的家具和生活用品店，而经济实惠意味着它试图将成本保持在尽可能低的水平，宜家也从来没有隐瞒这一点。在宜家购物，你必须自己在巨大的架子上寻找家具，家具用简单的纸板箱包装；店里的一些地方装饰得很简单，工作人员很少，所以有时候如果客户想要咨询一些问题，他们可能需要等待。

尽管有这些负面因素，但是客户会被宜家的周到服务吸引，如便宜、时尚的家具设计，价格低廉且意想不到的有趣物品，餐厅里廉价的异国美食。宜家不会特意采取措施来减少结账时的长队，但为了弥补这一点，宜家在出口旁边摆了一个卖热狗、冰淇淋和软饮料的摊位，同样价格低廉，这让人们心情愉悦地结束购物。[19]

对消费者来说，宜家的故事听起来很真实。宜家的运送速度不一定很快，但它为客户提供的预算很低。如果它曾经试图通过提高价格或降低其餐厅的质量来使其门店变得更有活力，那么它将不再是我们许多人所熟悉和喜爱的真正的蓝黄色宜家。它的客户体验将发生巨大变化，其理念也将失败。

为什么超值服务并不有机

在盎格鲁-撒克逊人的销售圈子里，“承诺不足，兑现过度”（under-promise and over-deliver）是一个流行的说法。这意味着你应该多做少说。实际上，许多公司都是这样做的，它们认为这样做会让客户对它们大加赞赏。现在，许多销售人员都践行这个原则，也对此习以为常，这样一来，销售人员变成了销售过程的主宰者，但这种原则真的像大家想的那样可行吗？

超值服务存在的一个问题是，公司内部往往没有就此达成一致意见。即使有，也会因为那个特定的客户是如此重要，销售人员偏离他们的目标。我们都想完成本季度的目标，所以，卖家为第一个客户提供了10个额外的样品，为第二个客户提供3%的额外折扣，为第三个客户增加了20千克的商品。很快，每个人都开始这样的优惠活动。

第二个问题是，这种夸张的商业热情很快就被视为一种标准做法，甚至包括客户在内，聪明人知道如何利用这种情况。几年前，我参与了一家工业纺织公司的商业战略评估。销售团队内的气氛不太好，我的任务是找出原因。很快，我就发现，这是因为所有的销售人员都失去了积极性。

但直到我和首席执行官谈过之后，我才发现了真正的原因。倒不是他说了什么启发了我，引起我注意的是他的手机在我们谈话的过程中一直响个不停。每次有电话打来，他都会打断对话来接电话。所有的电话都是客户打来的，他们拨打的是老板的热线电话！他们都问了同样的问题：首席执行官能为他们即将成交的订单“多提供一些服务”吗？他们都知道有一种办法可以绕过销售部直接跟高层对话。

然后，这位首席执行官打电话给他的销售人员，告诉他们他已经和他们的客户达成了交易。难怪他的员工工作积极性不高！也许首席执行官从这种事情中得到了乐趣，这可真没准。但有一点可以肯定，在这位首席执行官离职后，公司和销售团队的表现要好得多。

美国最近的一项研究进一步打破了“承诺不足，兑现过度”的迷思。[20] 圣地亚哥加利福尼亚大学的行为科学家格尼兹（Ayelet Gneezy）和芝加哥大学的埃普利（Nicholas Epley）调查发现：做得比你承诺的更多会对那些从中受益的人产生持久的影响。

研究人员进行了一系列测试，测试受试者的反应。受试者分为三组，一组得到的结果超过预期，一组没有达到预期，还有一组得到的正好符合预期。例如，在一项测试中，参与者被要求回忆，过去他们得到的结果与预期完全相符、比预期的少、比预期的多时，他们的反应分别是怎样的。在另一项实验中，他们被要求在助手的帮助下解决一系列谜题。

测试里有三组助手：第一组完全没有帮助受试者；第二组的帮助恰到好处；第三组尽其所能提供帮助。在猜谜游戏完成后，来评估助手所起的作用。所有这些测试都表明，试图通过做得比你承诺得更多来给某人（受试者、客户等）留下深刻印象将会是徒劳，这样做不会使你帮助的对象对你的慷慨相助更加认同或感激。

惊讶吗？也许你很惊讶，不过格尼兹和埃普利是真地感到意外，他们本以为试验结果会显示：做得比承诺多会有积极的作用。埃普利将我们脑海中的承诺比作一种契约，决定了我们的进一步期望。如果有人向我们承诺了什么，我们希望他们至少要履行承诺。但我们也普遍倾向于希望他们多做一点，因为我们认为少做一点是不公平的，因此是不道德的。

这就是为什么信守诺言对你的声誉至关重要。这也解释了为什么做更多是不必要的：无论如何，人们多少会期望你这么做，因此一旦你真的这么做了，人们也不会感激。

> 信守你的承诺，但不要过度。

然而，有一个例外：通过提供比最初商定时多一点的服务来取得价格优势，与试图创造额外的价值是不一样的，你试图用这些价值来激发客户的热情。把你的时间和精力投入一个强有力的价值主张上，然后坚持下去。不要做得更多，但也不要做得更少。

你要遵守自己最初的承诺，而不是边做事边想办法逃避承诺。当然，你也可以比竞争对手多做一些承诺，因为销售就是一场竞争。毕竟，你的目标是让你的客户惊叹不已。你向客户提供的服务要清晰明了，如果无法只靠语言来表明，则你可以借助图片和你自己的实际行动。你要确保你和客户的沟通清楚明白，前后一致。当然，你也要确保公司上下保持一致。

第三部分

掌握策略，巧妙转化新机遇

第四章

任务分配：充分协调员工和资源

颠覆式销售对销售过程的每个阶段都有影响。因此，针对具体的阶段制定具体的策略，并重新分配销售部门的任务和职责。要重点关注任务分配以及销售、营销和客户服务之间的协作。

大多数公司仍然希望销售人员能抓住每个机会，提高业绩。

时代在变

20世纪六七十年代，销售团队接受的培训，都是以吉托默（Gitomer）和奥格威（Ogilvy）的原则为依托的。许多销售人员都会在床边放一本诸如《销售红皮书》（*The Little Red Book of Selling*）这样的书籍，对他们来说，这样的书籍非常值得信赖，能在不眠之夜给他们带来安慰。在随后的几年中，这些原则并没有完全销声匿迹：吉托默的“辉煌销售”原则，奥格威的“对特定目标群体提出明确的价值主张”原则，仍然是成功销售方式的指导原则。

把上述方法与客户账户管理、解决方案销售结合起来，你就会拥有一个全能工具包，这个工具包是每位销售者、市场营销人员、供应链管理人员都需要掌握的。

这些原则都有一个共同目标：告诉销售人员如何接近潜在客户，引导他们签订合同，以及如何在销售完成后维护良好的客户关系。

从20世纪60年代到20世纪80年代（在某些情况下到20世纪90年代），市场营销（marketing）和销售（sales）是两个完全不同的概念。市场营销会有一些小册子和印刷品，销售人员会把它们装在公文包里，分发给潜在客户，然后跟他们说："你想多了解一下我们的产品吗？在这本精美的小册子中，你能找到想了解的一切，有信息丰富的文字、精美的照片和完整的技术规格。"

从20世纪90年代起，这种印刷材料逐渐被网站取代，联系潜在客户的方式也变成打电话或发邮件。销售人员会追踪整个销售过程，他们是主要联系人，了解销售的整个流程，专门负责与客户沟通，还负责督促和追踪内部事务处、订单事务处、供应链、交易履行处。

他们每天在外跑业务，后备箱里塞满了小册子、演示材料、演示产品和样品。他们拜访了许多潜在客户和现有客户，然后把客户信息录入客户数据库。12个月后，他们再去拜访同一批客户。我们可以称之为现代销售的传统方法：销售1.0（Sales 1.0）。[1]

现在，销售人员有很大自主权。但是我们都知道时代变了。销售过程变得更加复杂，公司和客户都更加密切地关注这个过程。如今，销售过程需要节省开支，需要新的思维，需要创新；"效率和效能"成了销售行业的流行语；客户信息也不再仅由销售人员掌握。

公司迫切需要重新安排业务，而且随着时间的推移，这一点变得越来越容易。自首次CRM系统起，公司开始管理与客户的关系，所有潜在客户、地址、谈判、退款和订单都得以在系统中保存。更重要的是，因为销售团队随时都能知道哪些客户是热门客户，这种系统为监控和指导销售提供了便利。随后，便携式电脑、远程连接的出现，使人们能够更便捷地浏览网站、获取实时信息、更新演示文稿。引入这些新功能之后，销售和市场营销领域发生了翻天覆地的变化。这意味着销售从黑箱销售（销售控制关于潜在客户和现有客户的所有信息）发展到信息在整个公司中共享的模型。我们可以合理地将这种新方法称为：销售2.0（Sales 2.0）。[2]

销售2.0确保了内部服务在大多数公司变得更加重要。客户发现，找一个人工客服是有好处的，他可以快速准确地回答问题，可以访问订单和客户历史数据，还可以直接与计划人员、维护团队和技术人员联系。销售2.0模型投入市场后，可用客户和潜在客户数据大涨。将客户细分和制定目标比以往容易，衡量营销活动的具体影响也比以往任何时候都大。

但这并不是最深远的影响，销售周期初期，销售2.0聚焦在潜在客户身上，后来业务逐渐从发掘潜在客户转向市场营销。销售人员现在负责将这些潜在客户转化为客户。这种发展的一个结果是，在销售工作中，无约电话（cold calling）的重要性和份额急剧下降。

销售3.0（Sales 3.0）[3]也已面世，公司网站配备了所有最新的沟通工具，其重要性与日俱增。该技术的性能迅速提高，并越来越多地用于销售流程。客户也逐渐开始在网上特别是在社交媒体上风险购物。这些媒体迅速成为CRM的信息源，除了有利信息之外，它们也成为不利信息的宣传来源。公司任命客服经理来监控和指导这些新现象，很快，所有有前瞻性的公司都在脸书和人际关系网上注册了账户。

现在的首要任务是立刻与客户建立实时联系，这就需要开发更全面的CRM系统，以便能够处理大量数据、更好地准备联系人、更精确地分析客户需求和更密切地售后跟踪。销售方式逐渐从实地拜访转向网络电话、电话和社交媒体。

我是故意用过去时态描写前三段的，因为颠覆式销售比销售3.0要早得多。如今，在客户决策过程的每一个阶段，都是客户在起主导作用，但他们希望得到引导和陪伴。从他们首次考虑购买到他们考虑再次购买，这是一个漫长的旅程。

在颠覆式销售中，维护好客户关系是公司每个员工的任务。销售、营销和客户服务之间必须没有人为的壁垒，它们必须集中到单一的销售过程中。员工各自的职责必须重叠并相互融合，因为客户的价值体验是核心，而且必须由公司每个部门的每个员工来维护。

例如，通过这种方式，产品和项目组合管理以及向客户提供价值的方式也是集成销售过程的一个重要组成部分。共同的目标是优化公司选择的客户体验，期望这将说服人们购买你的产品和服务。

> 不要推销，要为客户服务。
>
> 这种新的销售模式导致了许多传统销售人员的身份危机。他们将需要重新培训或退出。

新型公司的目的不再是向客户销售东西。现代销售人员寻求帮助客户，根据他们的需要和愿望提供他们想要的价值。这种根本的角色逆转不会仅仅通过创建新的职能和部门来实现。此外，公司还必须投资于新工艺、新技术，尤其是人力。

在大多数情况下，对商业模式进行修改也是必要的，这将导致公司人才的重新分配和再创造。公司将需要吸引一些具有新技能的新员工。有些人无法适应新形势，或者在新的商业模式中他们的职能已经不再必要，公司应该解雇这些人。

更重要的是，这种变化不仅仅是一次性的，它是一个持续的过程。你必须准备好定期评估你的结构和方法，在必要的时候做出调整。如果程序需要几周的时间来更新，或一年举行一次围绕精益管理和永久改进的讨论，则以上这些都是不可能做到的。

如果你想成功地引入颠覆式销售，有三个核心价值观是你需要重点关注的——它们的英文写法都以字母“A”开头。

三个A模式：真实性、问责制和灵活性

真实性（authenticity）、问责制（accountability）和灵活性（agility）是确保客户体验在整个客户旅程中最大化的三个核心价值。正是基于这一点，CPI 才建立了三个 A 评级模型。

表 4.1 销售 3.0：一个功能模型

销售3.0			
营销	**销售**	**销售**	**服务**
· 营销负责在销售之前、之中和值周管理客户旅程 · 营销起领头作用	· 销售确保将合格的潜在客户变成真正的客户 · 上门推销不再必要	· 销售的渠道包括电话、邮件、社交媒体和视频通话	· 客户服务是理性管理的重心，积极主动协助客户 · 客服部门的任务包括向上推销和反复推销
电子和社会相关性			
· 销售策略的基础应该是媒体和网络上的公司形象		· 与客户有关的内容，通过各种渠道便捷地取得联系，对客户问题的快速回应以及为客户提供好建议，这些都至关重要	
创新			
· 创新包括产品创新和服务创新，公司需要与客户一起来进行创新		· 创新过程基于良好的伙伴关系，颠覆式商业模式本身就是目标	
科技			
· 科技的力量是强大的。自动化营销和商业机密使客户参与度和营销力量变得不同		· 优秀的习作工具替代了邮件，减少了会面	
管理和控制			
· 管理的基础是目标和定期监管关键结果		· 启发，鼓舞。给员工赋能是管理者和团队领导者最重要的任务	

来源：©CPI- 咨询

图4.1 三个A模型

来源：©CPI- 咨询

真实性

真实性是指始终为客户服务。换句话说，你要确保他们不断地感觉到你把他们放在心上。只有你随时都知道你的客户真正想要的是什么，你才能做到这一点。你了解他们的行为和偏好。你通过你的营销技术收集到的信息使得你能够分析他们的需求并采取适当的行动。

你与客户互动越多，你的 CRM 系统就会收集越多的数据，你的工作也会越来越容易，客户的形象也会越来越清晰，你的服务也就越来越个性化、有针对性，例如，根据客户个人资料为客户定制服务。

通过将客户个人资料与 CRM 中的人物联系起来，你能发现潜在问题，甚至可以做出一些推测，针对可能出现的问题，提出一些经过实验和测试的解决方案，来解决它们。有了这种个性化服务，客户会对你们的关系越来越满意。

而且，随着新数据的录入，客户个人资料会自动更新，你的员工不用花太多时间去调查研究，便可了解客户的真正所需，这将让他们有更多的机会去提供更好的服务；同时，这也减轻了他们的压力，使他们感觉更轻松，表现得更好。

问责制

问责制通过展示员工的能力，对员工潜力的发挥起到了不可替代的作用，也确保了他们的表现对公司和客户都有价值。你必须衡量员工和资源在特定情况下的成本，并将这个成本与当前、未来利润进行权衡，未来利润是指从潜在客户或现有客户获得的预期利润。

这种成本计算基于两个基本原则。一是销售成本，它关系到从客户产生购买意愿到做出购买决定的整个过程，也就是说，把产品卖掉要付出多少努力；二是服务成本，向客户提供信息和服务需要多少成本，才能让客户继续购买你的产品。

当然，这两个原则都与营销支出、成本有关，这些成本是推动整个销售和营销过程所必需的。因此，在决定使用营销技术时，对销售周期的全部成本有一个清晰的了解是很重要的。

和过去相比，如今的问责制更为重要。因为你要在自动化营销方面进行大量投资，自然会想知道这些投资与你的员工、活动一起运用的收益如何。以我的经验，相对来说，很少有公司对他们的销售成本、服务成本有很好的理解。其中仍有许多潜在成本，例如，在传统系统中，很难准确地评估每天出差的销售人员的真实成本。

根据员工个人或团队的具体数据，接触点追踪为这个问题提供了一种解决方案。你能基于确凿的事实和数字做出决策，从而建立更高效的销售部门，以得到最优投资回报率。

问责制还有助于让员工对实现既定目标和结果负责。如今，员工普遍想要更多自由和职责。“指挥和控制员工”的时代早已过去，如今，不能仅根据员工的出席情况来评价他们，而要依据绩效评价，如何做出业绩是员工的自由。根据绩效进行管理意味着，必须对员工业绩进行衡量和评估，以抵消为实现这些业绩而产生的成本。

用于客户服务的通配符

在开始做 CPI 之前，我曾做过几年的公司顾问。每当我们访问一家公司，我们总是试图用最少的钱做最多的事，这为公司引入了严格的规则和标准：利益至上。从本质上说，我们的目标是让每一分钟的工作获得最大的回报。这听起来不错，公司报表更是体现了公司收益可观。

在一次审计中，当我在客服中心视察工作时，我接到一个小客户的电话。她表述方式有问题，语言组织得不好，谈话拖了很久，有时她还会扯到个人问题上，例如公司老板住院了，他的妻子在他不在的时候尽力维持公司的运转。即便如此，账单还是堆积如山，而现在，公司却因为一个愚蠢的错误而出现危机。

接线员故意背对着我，试图为他那越发绝望的女客户找到一个解决办法。这通电话最终持续了大约20分钟。最后，小客户也觉得公司很关心她。接线员觉得他的安慰起了作用，挂断电话后，他跟我说："如果你因为我在电话上花了那么多时间而想解雇我，我无法阻止你。但如果我没有这样做，我就会内心愧疚。我们就会失去一位客户。"

当然，我没有在我的最终报告中添加这个案例，但我从来没有忘记它，它促使我寻找一种更积极的方式来对待我的职业生涯。特别是，在开发客户服务通配符（Customer Service Wildcard）的概念上，它启发了我。

现在，我建议我的客户给他们公司的客服人员每小时几分钟的自由通话时间。在这段时间里，他们可以按照自己的方式做事，不需要考虑正常的服务成本和销售成本。仔细量化这一"自由"时间，将总"服务成本"保持在合理和商定的限度内，同时允许运营人员采取更人性化的方式。

通配符是真实性的保证，确保你的员工能够在真正重要的时候发挥作用。

灵活性

对灵活性的需求既涉及员工的态度，也涉及整个公司的态度或文化。公司正面临着越来越多的无法掌控的发展变化。客户期望就是这变化中的一个典型例子，以颠覆式商业模式进入市场的竞争对手也是一个，而科技也在不断地进步。

当然，改变是有益的。因此，一个公司能够迅速、灵活地应对变化是很重要的。这就是我们所说的灵活性。灵活性需要一个组织模型，在这个模型中，人们可以快速调整和重新部署。而且，技术栈（technology stack）必须能够在不中断的情况下切换或替换各种要素。

如今，软件工具高速发展，这意味着你要习惯追踪新产品，并评估它能否添加到你的系统，对系统是否有益。工具更新换代速度更快。如果你想在激烈的竞争中保持领先，你就需要快速更新。因此，现在公司很少购买软件，而是在订阅的基础上租赁。你不会每6个月就更换一次CRM系统，但你很可能会更换一个追踪器，它可以追踪客户的在线行为。

许多公司仍然觉得一定程度的持续性是必要的，为更长的一段时间做好准备。这种看法是不对的。在新的销售时代，形势是不断变化的。一家销售公司应该不断反思自身是否在向着目标迈进，具体包括方法、人才和IT工具方面。

有一点尤其需要注意，你需要密切关注你的工具，因为新的工具在不断涌现。在过去，6个月后才更换工具被视为失败的标志。今天，如果你过了4个月还没考虑更换工具，问题可就严重了。你应该时刻关注技术发展，不断评估创新，将它们与当前的系统进行比较，必要时替换一些元素，然后重新开始一轮评估，替换工作。

灵活性意味着你要设置明确的目标，并与关键结果和精益策略相关联，以实现你的目标。这意味着你需要进行测试、评估和替换，定期重复这个过程。这会让你的公司保持敏锐和专注。

我在CPI中使用的用于监视我们的目标和关键结果（OKR）的评估周期时长为12周。我也建议客户这样做。这意味着你每3个月至少检查一次你所做的事情。有时，我们甚至把评估期缩短到6周。

例如，考虑一个销售目标。6周的销售目标可能与销售流程、流量建设、发展潜在客户等有关。换句话说，它们与组织结构、流程和技术相关联。在前6周内，销售是按照商定的程序和可用的工具进行的。6周结束时，结果会被记录下来。在接下来的6周内，该程序和工具将被保留下来。不过，调查也是必不可少的，以确定哪些地方需要调整、更新技术或进行组织变革。

我们的目标是在接下来的6周内检验这些结论。整个一个周期长达18周。换句话说，18周之后，你已经发现并实施了必要的改进措施来完善你的销售流程。

真实性、灵活性和问责性构成了文化的一部分。每一种文化的决定因素都在于人。因此，你的员工需要主动去适应这种文化，或者在公司的指导下适应这种文化。但促成3个A文化的最重要因素是营销技术。这为你提供了关于你的客户及其在销售过程中的地位的见解，而这些见解很关键并且时刻都在更新。

营销技术可以帮助你更好地了解你的潜在客户。如果你能更好地理解他们，你就能更好地为他们服务，从而有利于建立一种正确度更高、可持续性更强的关系。

在过去，一些人也要对他们的结果负责，但这种问责制往往不太可靠。然而，如今营销技术使公司能够以一种更加客观的方式衡量客户行为，评估和分配营销策略和销售行为的效果。敏捷性也是如此。在各种各样的新工具帮助下，公司现在可以对消费者行为的变化做出更快、更有效的反应。

但是，公司唯有具备一系列具体目标，以上的愿景才能实现。因为只有这样，每个员工的关键结果才能得到定义，并受到监督。然后，公司必须给员工实现这些目标必需的资源和责任。必须强调的一点是："命令和控制"的时代早已过去。当今经理和团队领导者最重要的任务，是激励、鼓舞他们的同事并为其赋能。

OKR的应用

自20世纪50年代以来，许多公司开始引进技术，以提升员工的工作表现。20世纪50年代，彼得·德鲁克介绍了目标管理（MBO）；20世纪80年代，“智能目标”和“关键绩效指标”（KPIs）的概念逐渐流行起来。

1999年，风险投资家约翰·多尔（John Doerr）首次为谷歌引进了OKR方法，它的要素涉及目标（O，objectives）和关键成果（KR，key results）。借助这一方法，谷歌从一个只有40名员工的小公司，成长为拥有4万名员工的全球性大公司，并改变了我们的生活和工作方式。

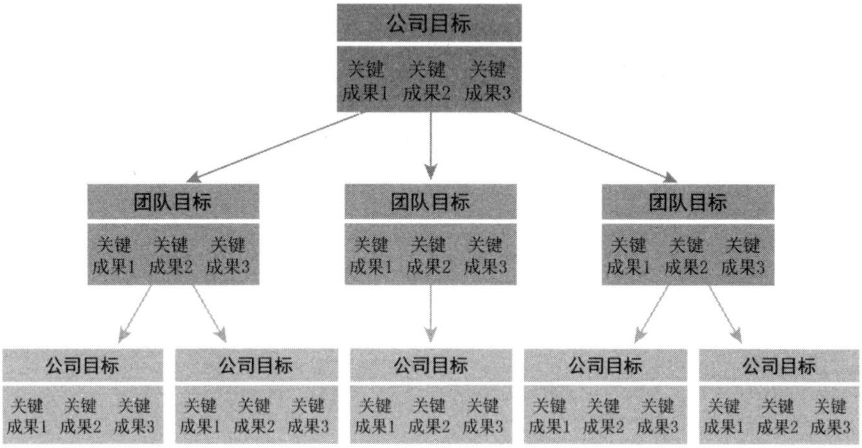

图4.2 OKR模型

来源：英特尔的安迪·格鲁夫（Andy Grove）首发，谷歌的约翰·多尔推广

如果你希望你的公司运营灵活、员工高效，那么你可以试试OKR方法。运用OKR有助于公司和员工个人树立较高的目标，并使他们的目标紧密联系起来。

你应该为公司每一层级、每个部门规定可衡量的目标和关键成果，还要设置时间限制，并在公司内部公开共享。这样，公司如果表现出对单个员工所做贡献的重视，员工会觉得自己更能融入公司的整体目标。

如果你想尝试OKR方法，你可以使用一些有趣的软件，如Weekdone。员工可以在这款软件中给自己的满意度评级，这是处理周末报告的好方法，也方便处理我们总是向CPI客户提及的元素：进度、计划、问题。每位员工都可以针对这些主题发表一些评论，总结上周发生的事情，并概述下周的计划。

公司必须为每位员工制订一项目标，这个目标要最多与五项关键成果挂钩。目标要远大，也要切实可行。关键成果必须有时间限制并且可衡量，而且必须是实现最终目标的关键一环。

例如，到2025年将人类送上火星就是一个目标。对相关组织来说，比如NASA（美国国家航空航天局），关键成果可能是：在2020年前，研发并测试一艘往返火星的火箭；到2022年建成重量不超过500千克的空间居住舱；到2024年，挑选和训练宇航员。这些关键成果同时也是这些组织中较低层次的目标，每个成果都需要各自的关键目标来实现。

这样，公司整体的远大目标，就分解为一系列较小但对个人来说很有挑战性的目标和关键成果。

数字化转化为人性化

2015年，史蒂文·范贝勒（Steven Van Belleghem）写了一本名为《数字化转化为人性化》（*When Digital Becomes Human*）的书，在书中，他介绍了未来的客户关系、数字化和人性化的关系。[4]他认为，大多数公司都意识到他们在技术方面有不足之处，但是高估了员工和客户之间的沟通效果。“你的公司确实一直在跟客户打交道，这并不意味着他们能为客户关系带来足够的附加价值。”

史蒂文预测，科技硬实力不强的公司将无法生存。由于数字化不断普及，因此客户与公司之间的人际交往将逐年减少。但是，某些稀有物品难免会增值，这是一条亘古不变的经济定律，它意味着，在客户关系中，个人接触越少，它就越重要。因此，对于每个公司来说，都需要进行双重转换：数字化和人性化。

这两个维度都可以为客户创造价值。因此，从战略角度充分考虑，这两者都是明智的。公司应该利用数据进行预测，充分发挥人才的创造性。每一个有远见的公司都应该考虑为客户引入自助服务系统，并由人力支持系统提供帮助。

如何将数字化与人性化的结合转化为一种有效的销售方式？你关注自动化流程的哪些方面？你什么时候会使用稀缺而宝贵的人力资源？你怎么建立客户忠诚度，从而维持长期关系？这些问题都要求，你要对自己公司内部的所有职能、角色、职责和结构进行全面的分析

市场营销人员的崛起

2015 年，经济学人智库有限公司（Economist Intelligence Unit Ltd）发表了一份有趣的报告，讲述了未来营销世界的变化，这份报告题为《营销人员的崛起——提升参与度、体验和收入》（*The Rise of the Marketeer*：*Driving engagement*，*experience and revenue*）。[5] 该报告调查了全球 478 名首席营销官和高级营销主管。其中三分之一的受访者在欧洲工作。

以卜是研究发现。

变革推动者

绝大多数营销人员认为，现在是时候赋予营销功能一个新的维度了。超过五分之四的人希望营销机构有不同的结构和设计。在欧洲，超过 90% 的人持这种观点，而在美国，这一比例为 72%。这表明，这块占老的大陆还有一些提升空间。

如果从另外一个角度来看这些数据，只有 19% 的市场观察者认为没

有必要进行任何改革，他们希望 5 年后工作方式不变，而 52% 的人认为一些改革是不可避免的，但他们更愿意看到这些变化一步一步地发生。对他们来说，改革是一个渐进的提升过程。

只有 29% 的受访者赞成立即进行彻底改革。报告指出，这些人是变革的推动者。“与更为保守的同行相比，这些‘企业革命者’更有可能被视为成本中心，他们渴望推动收入增长，负责管理端到端的客户体验和参与，积极行动以获取人才，并利用大量数据和技术。”

客户体验

研究还表明，营销正日益成为提供最佳客户体验的驱动力。公司里的每位员工都有与客户接触的经历。营销人员希望多用自动化营销来保存客户信息，并从头到尾管理客户体验。这预示着，营销人员与销售和客户支持团队的接触点将减少，而与产品管理和财务的接触点将略有增加。

培养新技能

营销人员过去的业务和他们将来需要做的业务之间的差距从未如此之大。十分之四的受访者表示，希望自己身边围绕有数字参与和营销技术领域的人才和专家。

超过一半的人预计，到 2020 年，物联网将彻底改变营销领域。实时、人性化和移动通信的普及可能会产生重大影响。

新投资

在最常被提及的投资计划中，有四分之三集中于与客户的沟通工具中：社交网络、移动应用程序和电子邮件。第四受欢迎的投资是数据分析（尤其是处理大数据）。人们普遍希望融合不同来源的数据，以便更清晰地描述客户及其需求、愿望和意图。

作为一种收入来源的营销

管理学大师彼得·德鲁克曾经说过，营销的任务就是让销售变得没有必要。总的来说，市场营销仍被普遍视为一个成本中心。但在 3~5 年内，每 5 家公司中就有 4 家将营销视为盈利的主要来源。市场营销将被赋予新的职责，公司将根据其能在多大程度上履行这些职责来判断其价值。从现在起，创收就是最重要的。

> 市场营销将渐渐被视为盈利的主要来源。

销售、市场营销和客户服务的未来变化趋势

我们很难预测未来 5 年销售、市场营销和客户支持的职能将如何演变。提高销量是必要的，这一点永远不会改变，但现在的销售过程涉及的因素越来越多，无论是在购买之前和之后。在这方面，一些趋势是清晰可见的。

当然，我们首先需要从更宏观的层面看待销售经验，我们已经详细地讨论过这一点了。要想成功，公司必须能够在每一次与客户接触时为其提供愉快的体验，并且通过所有渠道在客户旅程的不同阶段为其提供服务，即他们第一次接触你产品的时刻直到现在他们成为你们公司的宣传大使（如果是这样，就再好不过了）。

第二个重要趋势是人们越来越意识到社会和数字相关性的必要性。积极活跃在网络和社交媒体上是你销售策略的基础。现在，为客户提供相关的内容必不可少的。但你必须确保，客户能够通过各种渠道，在各种不同类型的智能手机、平板电脑和可穿戴设备（智能手表、智能服装等）上轻松获取这些内容信息。

同样重要的是，要对市场反映出来的信息保持高度开放的心态，并愿意迅速而专业地回答问题。这意味着你需要从三个不同的维度管理这

些媒体：提供相关内容、扩大你的影响力，以及维护与潜在客户和现有客户的结构性关系。你要努力成为一个值得信赖的顾问，但是你需要让你的建议既吸引人又启发人。

记住，你的客户的注意力区间一直在缩短，而来自竞争对手的压力在增加。

第三个关键趋势是创新。不断创新能够确保客户对你的产品保持兴趣。创新并不局限于产品和服务，你的商业模式也需要不断创新。这意味着你需要考虑人们的支付方式，你提供给他们的售后服务，你怎样与其他合作伙伴一起为客户提供愉快的购物体验，等等。

第四个趋势是技术的影响越来越大。总的来说，销售职能的组织越来越技术化。自动化营销、CRM 和商业智能都可以改变客户参与度和营销能力。对数据的分析，对标准的正确解读，识别数据模式的能力，通过正确的渠道用正确的信息灵活做出反应的能力，对市场营销和销售行为有针对性的调整，所有这些和其他各种科技功能使得市场营销、销售和客户服务迅速成为一门分析科学。公司应该致力于在理想的时刻做出准确的判断，这些判断是基于客户以及物联网提供的源源不断的数据流而做出的，并且物联网在其中的作用越来越大。

因此，现有的用于管理客户数据、客户档案、项目管理和流程管理的软件、工具和设备将需要集成到一个更加一致的系统中，这就需要更强大的技术来运行。但这些趋势实际上究竟如何影响营销、销售和客户服务的功能呢？

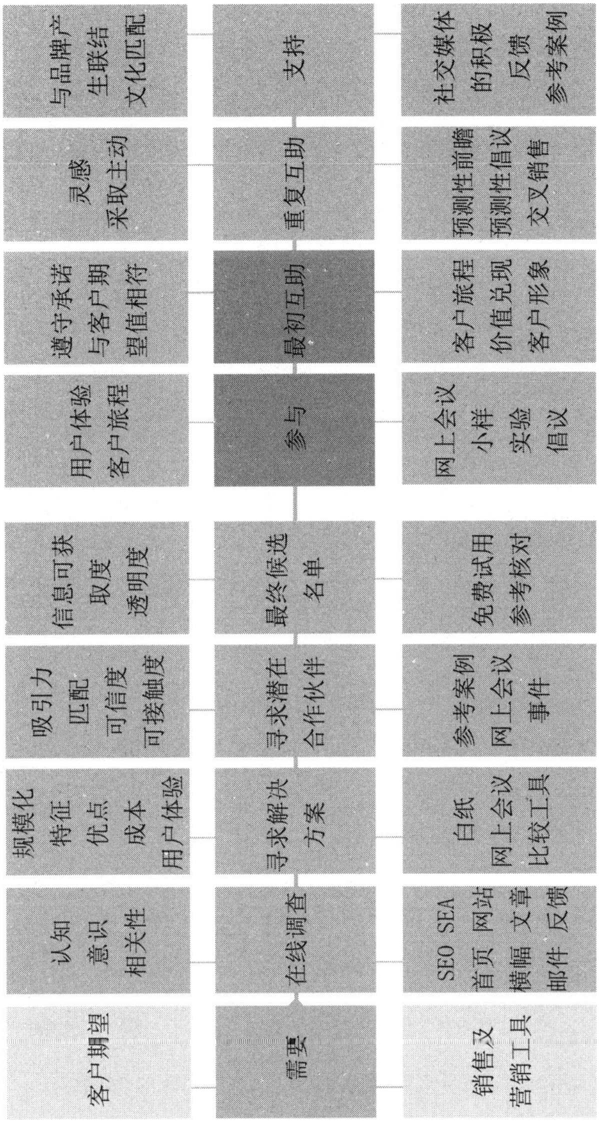

图4.3 销售3.0阶段模型

来源：©CPI-咨询

营销人员还得继续致力于网站和品牌意识的创建。公司仍然需要传单和宣传册，需要组织研讨会和公司大会。虽然他们可能不再需要印刷纸质宣传单，网络会议也会逐渐取代面对面的会议形式，但是宣传意识和品牌建设的基本原则仍需存在。然而，在客户购买之前、期间和之后，市场营销人员也要同时管理销售周期和潜在客户。你希望每位客户都成为回头客，为此你就需要营销。

因此，市场营销人员需要掌握数据，以便为每位潜在客户、现有客户量身定制价值套餐。这意味着他们需要更深入地分析客户需求，把市场细分，锁定目标，整理客户档案，定位目标群体，并针对每位客户制定创新性价值主张。

我们的目标是为潜在客户或现有客户提供愉悦的购买体验，鼓励他们主动通过销售渠道购买（新的）产品。新手市场营销人员也应该能对不同客户的旅程较为了解。他们必须能够分析、解释数据；熟悉市场营销技术；有足够的创意，在购买过程中的不同阶段，为潜在客户或现有客户提供他们想要的价值和体验。

这需要你有一定程度的商业直觉，如果有人向你咨询产品信息，你不会要求对方提供增值税号码；如果有人从你的网站上下载了一篇论文，并花时间阅读了这篇文章，你可以轻易断定，他可能想要网络研讨会的邀请函。

管理客户体验和将产品推向市场是两个不同的概念。营销经理这一岗位是否会退出历史舞台要视情况而定。在不久的将来，这一职位将被称为“体验经理”（或许这个角色早已存在）。客户体验官（Customer Experience Officer）的缩写也是CEO——这个缩写很合适。

> 如果潜在客户变成真正客户的可能性不大，公司就没有必要在他们身上耗费精力，不然只会白白浪费资金。

2015年，《需求分析报告基准研究》（*Demand Gen Report Benchmark Study*）明确提到了，潜在客户的转化概率将会越来越重要。接受采访的顶级营销人员中，有四分之三表示，未来他们希望专注于潜在客户的质量，而不是数量，这一点很有道理。如果潜在客户变成真正客户的可能性不大，公司就没有必要在他们身上耗费精力，不然只会白白浪费资金。

未来几年，将潜在客户发展成真正客户的重担会落在营销部门肩上。特别是，自动化营销将能评估单个潜在客户，分清哪些潜在客户有希望变成真正客户，哪些希望不大；也可以确定每个营销合格的潜在客户，在特定时刻位于销售漏斗的哪个阶段。这样可以更容易确定，如何引导潜在客户成为现有客户。通过这种方式，营销部门将负责将营销合格的潜在客户转化为销售合格的潜在客户（sales-qualified leads，SQLs）。

你在CRM中选择和设置的标准，决定了潜在客户变成真正客户的时机。例如，在特定的时间内，能否说服潜在客户进行首次购买。但是，这些标准必须始终建立在权衡收入和成本的基础上。

一般情况下，你可以根据客户提出的问题、他们下载的文件类型及其他在线活动，判断他们的购买时机。

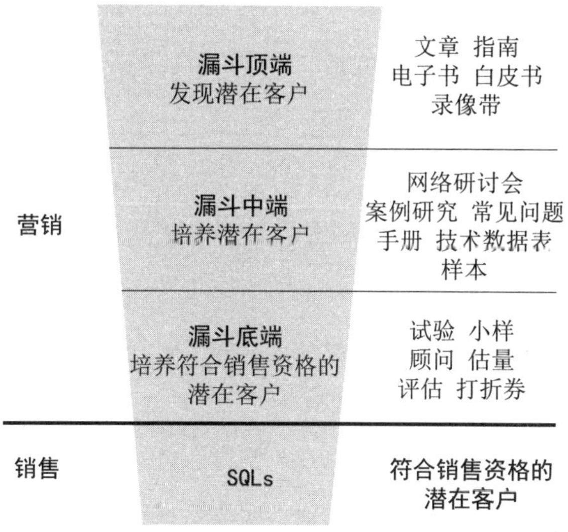

图4.4 从漏斗顶端到漏斗中端再到漏斗底端[6]

未来，在收益方面，营销部门也将承担更多的责任。因此，营销将越来越偏离成本中心，而逐渐成为收益驱动因素。然而，市场营销的成败将不再取决于发送了多少电子邮件、有多少人参加了今年的研讨会、有多少人观看了最新的宣传视频等问题。

相反，它将取决于邮件、研讨会和视频产生的符合销售资格的潜在客户的数量，或者这些因素有多少已经（或仍然有潜力）转化为公司的（长期）收入。

未来我们会发现，现代自动化营销生成的度量标准将在个体的问责级别上分析每个营销行为的回报。因此，市场营销获得大量信息和数据，这些信息和数据将证明它创造的附加价值，而这在今天还很少见。更重要的是，它有可能将这些附加值分配给特定的人员。

过去，销售部门负责提供客户信息。但未来，销售人员将收到来自营销部同事的 SQLs。销售首先需要将他们转换成为合格的潜在客户，并最终使他们成为真正客户。换句话说，销售人员的新职责不再是销售，而是销售开发。

更多合格的潜在客户将转换成真正客户，这是一个逻辑问题。比起投入昂贵的销售资源，市场营销的介入以及在客户资格认证、客户培养过程中的自动化营销成本相对低廉。

尽管如此，过去的一个经典销售功能仍将继续存在。销售人员仍然需要了解说服潜在客户进行初次购买并成为长期客户的最佳方式。最终敲定交易的仍将是销售人员，但他们需要比过去更有礼貌，不能那么咄咄逼人。过去强行推销的方式将不再被客户所容忍，销售人员也不会像无头苍蝇一样飞来飞去，去寻找潜在客户。

现代销售工作需要更有针对性，销售人员只有在他们的销售技能真正能发挥作用的地方才能相互交流。应潜在客户或现有客户的要求，他们只会在特定时间内，或者当有明显的迹象表明潜在客户或客户想要建立更深入、更私人的关系时访问客户。最重要的是，未来的销售将通过电话、Skype、GoToMeeting和社交媒体进行，这在家里也很容易做到。

> 销售人员只有在客户提出要求或有明显迹象表明客户想要建立更深入、更私人的关系时才会上门拜访。

你要确保客服电话可以随时接通，为急需解决问题的客户提供方案。但在未来几年，客户服务将远不止于此。客户服务人员亦需积极工作，并为潜在客户及客户提供量身打造的服务。

客户服务将成为关系管理的中心。电话、社交媒体、电子邮件、公司网站和网上聊天等这些媒介都将被用来为客户服务。与市场营销一样，客户服务将不再被视为一个成本中心，而是一种对客户忠诚度的投资。

> 客户服务将取代销售部门，成为潜在客户和现有客户的优先联系部。

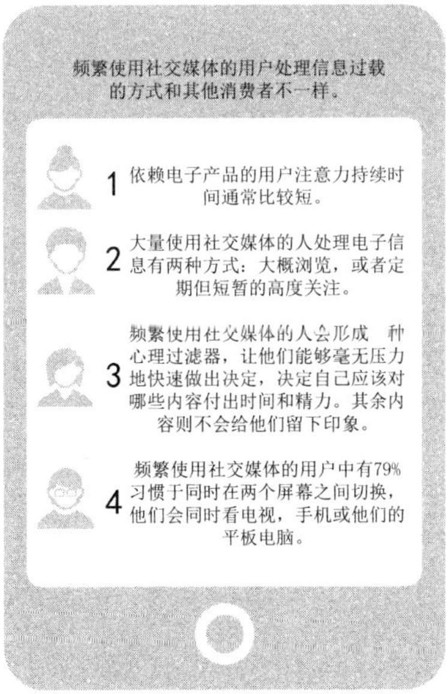

图4.5 信息图：处理信息过载的不同方法

来源：数据来自美国国家生物技术信息中心和美国国家医学图书馆

为了保持与潜在客户和客户的最佳关系，可访问性和对客户做出回复的速度是至关重要的。人们将通过各种不同的渠道来告诉你他们面临的问题。每家公司都必须确保自己能够接收到所有这些不同的信息。

客户服务的另一项任务是跟踪在线对话，并在必要时对其进行实时干预。同样，客户服务必须主动接近客户，预料可能出现的问题并提出预防方案。为了实现这一目标，客户服务需要一直与销售、市场营销和价值传递保持双向沟通。

在线活动和不断提供客户体验的需要意味着管理细节（数据、技术、信息和营销运营）将不可避免地变得越来越重要[7]。一方面，有必要对当今大量可用的信息有一个宏观的了解；另一方面，有必要深入挖掘这些数据，找到能帮助你为每一位客户提供最好服务的具体信息。

目前商业界的统计数据显示，客户在享受了良好的售后服务后，会倾向于采纳客户服务台工作人员今后提出的任何建议。在有着盎格鲁-撒克逊商业文化的市场中，这导致了一种有问题的思维方式。这种想法是这样的：员工应该在与客户接触时利用其好感和信赖，说服他们购买新产品或再次购买。然而，这并非没有风险。如果客户遇到了问题，则他们希望问题得到解决，而不希望商家给自己推销自己没有意愿购买的产品或服务。

创造价值意味着为客户提供他们觉得自己需要的东西，而不是你觉得他们需要的东西。如果你帮助了客户，询问他们你的帮助是否有用，然后向他们推销产品，这就会让客户觉得你不真诚，就像你不是真心想帮助他们，而只是想跟他们做交易。

把你的客户服务部变成一个商机，是一种近乎冷酷的销售方式，与真实性这一概念完全不相容。一个在错误的时间问出的错误问题，可以在几秒钟内摧毁你花费数月甚至数年的心血赢来的客户好感。这就像把一个溺水的人从海里拉出来，给他进行人工呼吸，然后问他是否愿意从你这里买一件新的救生衣。

合理且令人舒适的处理方式是在客户需要时为他们提供帮助，从而确保他们在你的公司享受到最好的服务。这是间接促进未来销售的最佳方式，而不是将客户服务简单地视为更为直接的销售方式。

如果你仍然坚持在提供客户服务时推销产品，至少要用一种真诚的、更加巧妙的方式，你要确信在你推销时，客户会接受这种方式，而且不会觉得反感。

表 4.2　概述营销、销售和客户服务的变化

营销	销售	客户服务
· 营销负责从客户考虑购买直到购买之后的整个周期的管理。 · 营销产生潜在客户。 · 营销提供销售服务，以使符合营销资格的潜在客户（MQL）发展成为符合销售资格的潜在客户（SQL）。 · 营销需要与销售、客户服务随时沟通。	· 销售负责将做出购买决定的潜在客户转化为预期客户和真正客户。 · 上门销售已经非常少见，不再是一种普遍的销售方式。 · 销售通过电话、网络电话和社交媒体工作。 · 销售需要与营销、客户服务随时沟通。	· 客户服务是客户关系管理的新枢纽。 · 客服会主动与客户联系，在问题出现之前，提出回避问题的建议和措施。 · 客户服务需要与销售、营销随时沟通。

潜在客户

多年来，一直是销售部门负责发掘潜在客户，这是因为他们需要在公司中赢得一席之地。在频繁拜访客户和其他（自发的）潜在客户之外的闲暇时间，他们就会去寻找潜在客户。与此同时，市场营销部门负责整理邮寄资料、印刷小册子，以便分发给客户。

市场营销部负责公司交易会上的展台、放映的展片，后来也负责精美的网站和必不可少的脸书页面。他们还负责打电话询问客户是否收到

邮件，随后，销售部门的同事将亲自到相关公司进行实地考察，希望把他们发展成潜在客户。

这类似于把鱼饵扔进鱼塘，然后等着看是否有鱼上钩。销售人员总是相信有客户会“上钩”，甚至相信自己能通过亲自拜访判断出谁会“上钩”。但是，公司只能依赖他们所谓的“卖家本能”。谁也不知道池塘表面下的黑暗水域究竟发生了什么。

但这种模型效率并不高。事实上，它既昂贵又费时，而且肯定不适用于当今市场。例如，只考虑一个因素：不断严重的交通堵塞，以及客户越来越不愿意花时间讨论销售问题。这意味着，近年来，每天销售人员能够进行高质量销售访问的时间已经大幅减少，这会对整体回报带来不可避免的影响。

> 你要表现得非常出色，才能在垃圾邮件和一片噪音中吸引到客户的注意力。

你可以选择中间方案，专注电话营销，定期分发邮件。然而不幸的是，这些技术已经在大规模地应用，因此它们带来的成果也无法跟以前相比。事实上，现在它们常常导致恶劣影响。

你需要尽你所能，在其他垃圾信息中，让客户注意到你公司的邮件和电话。更重要的是，由于法律对隐私的保护，人们几乎不可能突然给陌生人打电话，发过多的垃圾邮件会被拉入黑名单，或因不当行为被红牌警告。

寻找潜在客户时，需要秉持相当严格的原则，要明确哪些客户适合你的策略，哪些不适合。一旦确定，就需要用温和的方式与合适的客户联系。这样他们就能以平和的心态看待你的公司和产品。

但是温和并不意味着懦弱。你需要给客户留下良好而自信的第一印象。这样一来，在下一个阶段，你才能让客户找到联系公司的快速方式。在巨大的市场中，拥有足够的创造力，才能让自己从大量同行中脱颖而出。

记住，你只有 4 秒的时间来消除客户的冷漠防备，然后再用 30 秒的时间来吸引他们的注意。之后，他们要么继续阅读你的信息，要么将其归类为无聊的、无关紧要的、不值得费心的垃圾信息。

在公司理念、平面设计、媒体使用等方面，如果缺乏创意，那么即使用最温和的方式，也会产生恶劣影响。有些营销人员会宣传一些乏味到令人难以置信的内容，他们把这些内容发布到互随（Hootsuite）和其他高效率网站上，然后不断地重复同样的无聊广告，不知不觉就会引起某些潜在客户的反感。当涉及商业信息时，它会造成信息超载、客户普遍的不信任和抵触情绪。

> 在网上，有客户的地方就会有潜在客户。

在网上，有客户的地方就会有潜在客户。这意味着你需要在脸书、商务化人际关系网或其他有潜在客户的论坛上发起话题。因此，登录这些论坛中极其活跃的社区是很有必要的。如今，任何一个在网上咨询问题的人都可以轻松地找到问题分组。潜在客户也将在自己的社区以这种方式分享问题，希望别人帮助他们解决问题，这是互联网的好处之一。因此，你的公司有必要建立一个在线答疑平台。当潜在客户提出问题时，该平台能立即做出反应。建立用户组也是一个好办法。

接受客户的建议和合作，确保人们能看到你的工作流程，充分利用照片墙（Instagram）、拼趣（Pinterest）、Vimeo 和视频网站等图片和视频应用，还可以尝试色拉布（Snapchat）这样平台，为你的交流增添新的活力。此外，使用投资信息图表和其他工具，也可以让你以一种有趣的方式把复杂的事情变得清晰、简单。

现在，市场营销在发展潜在客户中起主要作用。正是营销为客户提供了他们正在寻找的解决方案。在所有可能的场合中，都是市场营销在挖掘潜在客户和营造品牌形象。正是市场营销建立和管理了在线工具，用以帮助潜在客户寻找解决方案。正是营销创造了客户和潜在客户感兴趣的内容。只有那些市场营销无法轻易在网上完成的任务，才需要传统销售模式来发挥作用。

通过脸书和照片墙获得新客户

2012 年 4 月，马克·扎克伯格宣布了一件事，标志着脸书发展史上的一个重大里程碑。该公司刚刚支付了 10 亿美元的股票和现金，将照片和视频分享应用 Instagram 添加到其投资组合中。

从那一刻起，这两个品牌都在他们之间关系的基础上蓬勃发展。2012 年第三季度，脸书的活跃用户超过了 10 亿，成为有史以来第一个取得如此成绩的社交网络。[8] 今天，脸书是世界上最受欢迎的社交媒体，它是世界上最大的社交媒体内容来源。其每月有 19.4 亿活跃用户（2017 年第一季度[9]），地球上四分之一的人口都在用脸书（不包括人们为宠物猫和宠物狗建立的账号）。

脸书每天有 12.3 亿活跃用户，其中 11.5 亿人使用智能手机登录该平台。[10] 该公司 80% 的收入来自移动端。再加上脸书还拥有 WhatsApp、Messenger 和 Instagram 等平台，你就知道这个社交媒体帝国有多庞大了。WhatsApp 有 12 亿活跃用户，脸书的 Messenger 有 10 亿。

自成立以来，Instagram 的成长速度一直非常惊人[11]，从 2010 年其最初的 100 万用户增长到 2017 年的 6000 亿活跃用户。越来越多的营销人员和企业在 Instagram 上崭露头角，而且其人数还在快速增多。2017 年 Instagram 上有超过 800 万个商业账户，自 2016 年 9 月以来增长了约 5 倍。另外，每月有 100 多万广告客户加入该社交平台。[12]

> 脸书和 Instagram 应该成为你的销售和营销计划的重要组成部分。

这些数据表明，你如何利用脸书及其关联的照片和视频应用程序十分重要。例如，2017 年，在线视频流量占在线流量的 75%。59% 的高管觉得，比起文字内容，他们更愿意通过视频来了解网络上人们在议论的话题。[13] 这些对你的内容计划都很重要。

照片和视频分享平台比简单的文本平台更能彰显个人风格。因此，企业必须将其在线品牌形象打造得更有个性，或营造一种颇具吸引力的形象[14]，才能更好地与网友互动。

最重要的是，你要对你想分享的内容有一个清晰的认识。你分享它的目的是什么？你发布的内容必须既与用户相关，又与你的品牌相关，从而激励目标用户与你的价值观建立联系。

Instagram、照片和视频等网络分享平台是分享你的公司理念的理想平台[15]。这包括一些幕后活动，客户便得以了解公司目前正在策划什么项目。其他内容还包括客户展示、成功故事、能够激励客户的名言、幽默和游戏。你可以添加一个吸引人的标签、位置和链接到你的内容。你还可以插入一个动作调用按钮。

一键即可在多个平台上共享内容是一项优势。最方便快捷做到这一点的方式就是把 Instagram 和脸书绑定。但是要小心。社交媒体上的多任务处理可能会出现严重错误。为了避免犯错，最好同时建立一个商业脸书和专业 Instagram 的个人主页。当你想要同步两个平台的内容时，你必须确保两个平台在两个社交平台的设置中都是连接的。一旦连接成功，你就可以使用“分享设置”来决定你将在哪里分享内容，例如你的企业账户页面。

领英作为销售引擎的重要性

领英把自己的公司定位为强大的商业社交工具，而这个定位更有利于提高效率。借此方式，领英广泛流行起来，在不断更新的技术和社交网络时尚中，占有一席之地。在很大程度上，网络的价值取决于关系节点的数量和价值。

随着用户数量稳步增长（每季度增长率呈两位数），且在 2017 年 4 月增至 5 亿用户，领英成为公共企业社交媒体领域的巨头之一。40% 的会员每天都使用领英，平均每位用户每月在领英上花费 17 分钟[16]。

实际上，人们通常通过领英投递简历、管理人脉、与联系人聊天、发布有趣的事，以及在论坛上讨论话题。

越来越多的招聘者和猎头们利用网络平台来挑选合适人才。他们使用先进的搜索工具，寻找人才；然后根据关键字匹配，通过 InMail 发布招聘信息。他们也可以加入相关行业或商业团体，以获得更多的信息。因此，人们普遍认为，领英是一个求职或职业相关网站。

> 领英也是一个销售系统，尽管并没有得到广泛认可。

但是，领英也是一个销售系统，尽管并没有得到广泛认可。在社交媒体时代，你要考虑如何利用像领英这样的专业社交网站来为销售助力。把领英和正确的观念、合理的策略和技术结合起来，它便可成为强大的销售工具。

凭借其广泛的涵盖范围和先进的搜索、过滤系统，领英能给销售人员提供一个机会，让他们能轻松迅速地找到合适的潜在客户，从而成功地将潜在客户转化为真正客户。数据显示，50% 的 B2B 买家做购买决策之前，会参考领英信息[17]。

领英将其销售导航（Sales Navigator）宣传为销售企业的得力助手，它可以支持销售人员通过社交销售渠道寻找潜在客户，并与现有或潜在客户建立联系。这种社交销售暗含的逻辑是一对一销售方式越来越低效。领英表示，在 2017 年，客户每一个购买决策的制定，平均会受到 5.4 位决策建议者的影响[18]。

在这个组织结构扁平化（自我授权的敏捷团队、开放的迭代决策和分布式治理）时代，一对一销售模式正迅速落伍，这反映了对垂直组织结构和相应层次结构的需求。因此，“销售人员必须深入买家内部，建立多种关系”[19]。领英的高级搜索和过滤系统可以用于快速识别出决策建议者，并帮助他们列出高质量潜在客户名单。

销售导航由数据驱动，深化了你和买家的关系，让你能够实时了解自己的账户和潜在客户的信息，包括工作变更、新闻提及和被你忽视的潜在客户[20]。它能生成自定义建议，以在目标账户中发现更多潜在客户。

销售导航还可以解锁网络，让你能够识别和联系不在个人网络前三层的潜在客户。公司使用销售导航后，将潜在客户转化为真正客户的成功率能够提升50%，主要原因在于，共享网络和开放式共享联系人起了至关重要的作用[21]。

领英平台促进了销售事业的繁荣。在CPI，领英业务是我们增长最快的领域之一。

使用领英的销售技巧

1. 创建有效的管理人员档案
2. 与重要联系人保持有效联系
3. 充分利用双边关系
4. 找到顶级客户
5. 实时追踪客户的动态
6. 倾听对话和辩论
7. 使用领英脉冲掌握行业趋势
8. 使用 InMail 安全高效地联系客户
9. 参与客户活动
10. 信息公开

来源：领英，2017[22]

社交销售方式就是利用网络，在潜在客户公司内部，找出能“被说服”的购买群体，并建立必要数量的联络点。76% 的 B2B 买家更信服来自专业网络的推荐[23]。通过社交网络的介绍，潜在客户似乎产生了某种积极的心理效应，进而对销售人员产生好感。

简而言之，在客户眼中，你可能不是销售人员，而是一个有价值的联系人。领英称，个案研究表明，利用网络进行自我介绍可以避免接听陌生电话，从社交对话中获得的信息有利于公司个性化宣传[24]。

当然，网络是面向大众的。在你上网的时候，其他同行可能已经和潜在客户建立了联系，不是为了销售，而是提供一个让你进入潜在客户备选名单的机会。销售导航器中的天联（TeamLink）工具揭示了通过公司网络向潜在客户进行热情推销的最佳方法。

> 通过社交网络进行推销的方式，会让客户对销售人员有更良好的印象。

潜在客户培养、评分、资格评定和转换

为了把潜在客户变成正式客户，有必要建立并加深共同利益纽带。在某些情况下，这种良好的关系并不总是能带来大量收益。然而，它至少能提供关于用户体验的信息，这些信息可能对其他潜在的新客户有用。

简而言之，在这个新的销售时代，你需要给客户时间，让他们从勘探模式发展到购买模式。但这不应该影响你的客户服务计划，你要始终认真地思考他们的愿望和问题。这不是浪费时间，而是现实的期望，给客户多提供一点帮助和鼓励，总有一天，客户会购买你公司的产品。

现代销售的艺术是把你的公司暴露在公众面前，同时追踪潜在客户的活动，并进一步收集他们的信息。做好这一点，你就可以在第一次接触客户时迅速有效地做出反应。让潜在客户主动来联系你，等到他们自愿决定成为客户的那一刻，你才能积极地联系他们。在此之前，请持续

关注他们的行为。

通过自动化营销，你可以大致（roughly）了解潜在客户访问你的网站的次数、浏览的内容、浏览的顺序、在每个页面停留的时间以及下载的信息。不同的请求屏幕和模拟器将提供额外细节补充。你还可以通过浏览社交媒体和其他资源站点（最好是CRM系统能自动链接到的站点）的数据来了解潜在客户。

这类信息会让你在竞争中遥遥领先，赢得潜在客户。你要清楚你的目标，以便第一次直接接触客户时，立即把注意力集中在你的目标上。

我故意用了“大致”这个词。数字追踪是个好办法。但它与用户的IP地址或用户使用设备的其他识别码相连。更重要的是，你需要获得许可才能追踪这些交互设备。这意味着，一旦专业人士或客户再次使用新设备访问你的站点，或拒绝接受你的信息记录程序，你将暂时失去对它们的追踪，你的接触点将不再准确。

幸运的是，现在大多数人使用两到三种设备。他们也或多或少地允许被记录信息。因此，你很快就能够再次进行数字追踪，了解他们的大部分网络互动。这比过去方便多了，在没有追踪技术的情况下，你只能在黑暗中摸索。

但也有不利的一面，在追踪客户变得更加普遍的地方，潜在客户和客户将收到越来越多的“自发”邀请和自动信息。唯一可以预见的是，到那时，客户会精心挑选自己旅程时的陪伴人员，这种选择可能会在越来越多的人拒绝接受信息录入和追踪中得到体现。潜在客户和客户将系统地安装广告拦截器或像杂物清理（Clutter）这样的工具。

因此，不符合客户自己设置的阅读习惯的邮件将自动被归类为不重要的邮件，并且可能不会被阅读。

这意味着，如果你希望客户阅读你的内容，你就需要创造别具匠心的原创内容。拿老套的内容对客户狂轰滥炸是一定会失败的。过去，你只需点击鼠标，每两个小时向15个不同的平台发送相同的消息，然而这种日子已经一去不复返了。这种方法将不再有效，这标志着比起内容质量更重视数量的老牌营销人员需要改一改策略了。

新的流行术语是“潜在客户培养”（lead nurturing），即提供给潜在客户恰到好处的附加值。这是一个循序渐进的过程。如果你发现他们对某个特定主题感兴趣，例如，当他们下载某个白皮书的时候（这将给你他们的电子邮件地址），你可以主动与他们联系，通过发送网络研讨会邀请或建议他们观看你的某个视频。必须再次强调的一点是，客户的每一次点击都会留下记录。

如果潜在客户对你的要求表现出兴趣，这就可以被视为参与度不断提高的迹象。每一个积极的信号，比如额外浏览网页或多问几个问题，都会为你提供进一步的信息和概要点，以便你展开下一步行动。

你以这种方式记录下的分数使得你能够给潜在客户打分。根据该得分，你可以自动触发许多其他操作或任务。得分较高的潜在客户和客户很快就会成为销售和客户服务的重点关注对象，这样他们就能以最适当的方式将潜在客户发展成真正的客户。如果没有收到进一步的积极信号，潜在客户的分数就会下降。

通过这种方式，你可以系统地将潜在客户发展成真正客户。其目的是尽可能多地培养潜在客户，但不必立即向他们推销产品或服务。

培养潜在客户：野兽的本性

信息的性质和潜在客户感兴趣的媒介可以告诉你，作为潜在客户的他们目前正处于客户旅程的哪个阶段。随着他们逐渐进入购买阶段，他们将对不同的内容持更加开放的态度。

这也适用于内容的包装方式。这些变化使得评估潜在客户不断变化的参与度成为可能。自动化营销在这一过程中至关重要，它能够持续跟踪联系人的点击和浏览行为、对电子邮件的反应、网上表单的填写情况等。

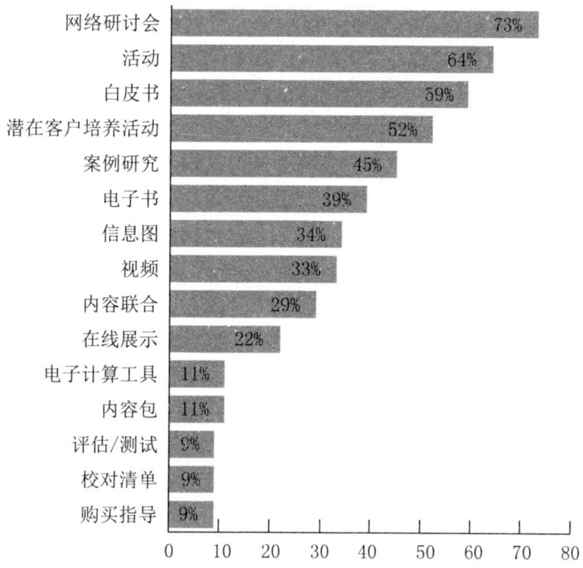

图4.6 生成合格的潜在客户——哪些方式最有效？

来源：2015年需求生成报告基准研究

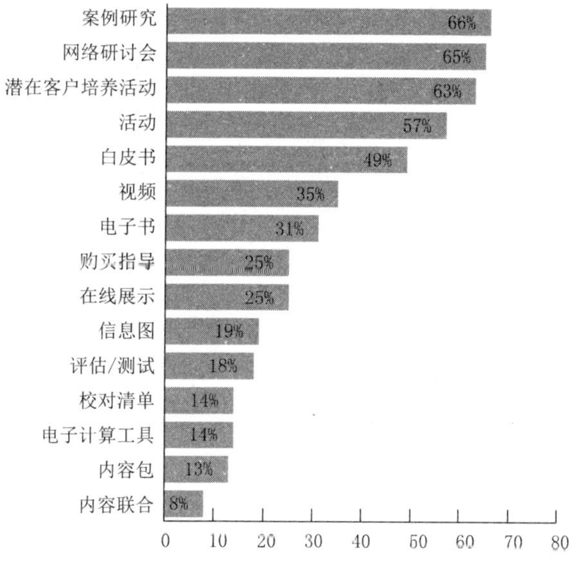

图4.7 将联系人转换为客户——哪些方式最有效？

来源：2015年需求生成报告基准研究

客户可能会怀疑你正在收集有关他们的信息，但这不一定会激怒他们。毕竟，如果你在你的网站上使用网络跟踪器（cookie），你就必须通知访问者。此外，使用网络跟踪器几乎已经成为业内的标准做法，大多数消费者现在都接受这一做法而不会过度担心，他们也没有理由担心。毕竟，他们的个人信息换来了企业的灵感，他们也由此得到了回报。

如果你希望将潜在客户发展成真正的客户，则潜在客户资格认证是必不可少的。记住，并非每个潜在客户最终都会成为你的客户。在交易会上分发和收集名片的传统做法（客户可能只是被一个特殊的公平价格所吸引），很少让客户产生真正的兴趣。你不必对他们（偶然的访客、学生、竞争对手等）太过在意。

很少有人会对你的产品真正产生兴趣，而第三组人的意图将不那么明确，但仍有可能会成为潜在客户。营销部门的任务是识别出潜在客户，并决定何时潜在客户可以成为真正的客户。

> 市场营销部门负责决定将潜在客户转化为真正客户的时机。

当营销人员把潜在客户移交给销售部门时，销售部门负责引导客户做购买决策。但是销售人员必须通知营销人员潜在客户是否成功转为了真正客户。通过这种方式，营销部门会知道，哪种举措 / 行动最有效，从而能够改善营销方案。这些信息是通过 CRM 和自动生成的营销和销售业绩报告进行交换的。

如果一场交易会吸引了许多潜在客户，但他们之中几乎没有一位转化为真正客户，那么，我们就要考虑未来是否有必要参加这种交易会。同样的原则也适用于“谷歌关键词”广告活动，如果 6 个月后，这个活动吸引了大量潜在客户，但没有一位转为真正客户，那就不要再举行此活动。

在未来几年，销售将不再专注于吸引潜在客户，而将专注于潜在客户的转化，这将主要通过电子邮件和电话联系来完成。许多对外通信都可以自动化，最终下单也可以在网上完成。在这种新形式中，对那些在自动化过程中陷入困境的人来说，电话将成为他们最后的希望。如前所述，上门销售已经非常少见，再也不是普遍的销售规则。

这些考虑自然而然会引发进一步的思考：是否有可能证明公司内部和外部服务之间的组织部门是合理的？如果潜在客户通过完全自动化系统转为真正客户，那么人工干预就没有存在的必要。交易自动完成，与销售有关的数据会自动记录、处理。

如果你仍然需要通过电话来做事情，那么也要记录、分析其时间成本。在某些特殊情况下，你需要对客户上门访问，首先要对他进行自动化检查，根据成功可能性的预测，来确定这种昂贵的收购模式是否划算。

价值交付

价值交付涉及整个过程，在这一过程中，你承诺为客户提供价值，并最终履行诺言，借此来管理你与客户的关系。这不仅是一种产品或服务所代表的价值问题，而且涉及你的沟通方式、协议履行方式、倾听方式、理解客户需求的方式、采纳客户建议的方式，让客户参与制定解决方案的方式。

之后，更是涉及以一种最为简单的方式，来维护客户关系：向客户提供工具，以迅速了解他们的愿望；及时回应他们的需求；谨慎管理数据；保持热线、帮助台、聊天工具随时可接通；形成清晰的客户页面、下载说明和客户说明书等。

客户一直在寻找最高效的方式，来实现他们的目标，这意味着每一次不必要的拖延、障碍都会让客户失望。客户想要的就是“更简单、更容易、更便宜”。

通常，公司只在客户表示有需要时，才会提供有价值的服务。客户不得不积极主动，例如，他们会打电话询问信息或下单。简而言之，客户会先采取行动。互联网使这一切变得更加容易。客户可以上网，找到订单页面并下单。这几乎是一个DIY（自己动手）过程：客户亲力亲为、加入购物车、确认订单，然后付款。在公司里，这些细节都是自动处理的，订单会放在一起，然后一起发送出去。

如今，大多数供应商已经在监控客户的产品使用和库存变化情况。供应商现在会在库存不足时提醒客户，有时甚至会自动启动重复订单，这便于供应商更好地管理自己的库存和产量。作为这种信息共享的交换，客户希望将来出现问题和有所需求时，商家能提供解决方案。

客户反馈

客户体验很重要，因此，获取客户反馈十分必要，即使反馈的内容并不直接涉及你的产品。系统地捕捉并正确地分析客户反馈是至关重要的。通过这种方式，你可以了解你的产品或服务是否真正符合客户需求。

这也给你提供了一个机会，使你可以在关系恶化甚至完全终止商业关系之前收到的信息来调整你的服务。

> 来自客户的反馈都很重要，即使客户反馈的并不是你公司的产品。

客户的反馈，除了能让你了解到你的服务方向是否正确，也可以让你评估客户再次购买的可能性，也提供了员工奖励制度。如果你询问客户他们最近在你公司的体验如何，或是你进一步询问他们是否会推广你的产品或服务，你就可以将他们的回答与他们在你的公司的经历联系起来。换句话说，你可以探查他们对特定员工的态度。

这使得商家很容易获知客户满意度，如今已经应用在了零售和B2B领域，也激励公司做到以客户为中心。

管理和控制

管理和控制总是相辅相成的。然而，在过去，销售经理需要做出大量预测，并设定目标。但由于缺乏客户旅程的实时信息——换句话说，客户的变化过程——销售者承受了巨大的压力。他们需要不惜一切代价获取信息。

销售运作遵循的原则是销售人员的能力和销售范围的控制，这是从军事领域采用的概念：一个销售人员能够负责多少客户和地区？控制范围是为了让销售员把产品信息和样品推销给客户，并告诉销售人员在完成任务之前不能回公司。结果，客户并不需要如此多的产品。

在如今的市场中，以纯粹控制为目标的、有着正式等级结构和购买流程的公司逐渐被社区驱动的公司所代替。这是因为现代人受到了良好的教育，往往已经知道了处理事情的最佳方法。他们不喜欢公司对他们指手画脚。现代的销售公司需要与自我指导的团队合作。在明确界定的职权范围内，员工要自我管理和组织工作。

在销售上更具灵活性，这导致我们很难去控制销售的范围。相反，公司与客户互动和联系都较为随性。[25]

> 现代的销售公司需要与自我指导的团队合作。

这意味着我们期望21世纪的销售经理具有一种新的领导风格。他们不再需要监视和追踪销售者和销售团队的活动，而要考虑如何激励个人和团队发挥作用。想要做到这一点，销售经理就要让员工以自主和放松的方式工作，并为他们提供能够显示他们能力的工具。今天的销售经理还需要更多地关注与合作伙伴建立战略伙伴关系，这样一来，他就有可能与合作伙伴共同迎接挑战，增加销售额。

目标是过去的事吗？不，它们不是。目标仍然需要设定，但必须作为涉及所有相关方的协作过程的一部分。该组织面临的挑战是如何保持专注，将其优势引导到正确的方向，以取得卓越的成果。如果公司的规矩太多，领导控制欲太强，员工工作自由度不高，以上这些就不可能实现。只有为工作积极性强、训练有素的员工创造最佳工作条件，公司才能实现这一目标。[26]

从广义上讲，商定的目标仍然需要与任务分配、后续行动和反馈联系起来。但目标本身已不再是凭空设置的了。老板跟员工说："这是你这个月的目标，加油干吧！"这种场景已成为过去。现在，每个目标都是经由一个过程产生的，这个过程将有助于实现目标。员工将不断获得新的信息，使他们能够自行调整自己的行为。

任务分配，顾名思义，是指根据一系列预先确定的标准，将特定的任务分配给特定的员工。任务分配能够保证可用资源得到最好的利用，每个员工都做他们最擅长的事。这样一来，公司便有足够的员工来发掘潜在客户、转化潜在客户和交付价值。

像目标设定一样，后续工作在将来仍然是必要的。对你的公司的发展保持关注是常识。然而，现在你可以采用一种更简单的方式来关注公司的发展，并稍微减少一些关注的程度。如今，公司可以利用先进的科技来追踪相关信息，例如平均订单规模、重复订单的百分比、客户遵循其习惯或预测订单节奏的程度等。

这些技术援助是非常必要的，因为公司不再仅仅孤立地监控商业运营的问题。现在，你还需要了解客户在整个客户旅程中，在使用你的产品以及和你的公司互动时有怎样的感受。

市场自动化营销和 CRM 会自动实时生成一系列指标，这些指标会显示这种关系的质量，并在易于阅读的仪表盘中显示可视化结果。系统提供的反馈可以纠正与计划轨迹的偏差，并建议进一步增强客户体验的可能性。

在这方面，新型销售模式与老牌销售人员有着至关重要的区别。关于绩效的信息不仅仅是一系列关于访问次数、潜在客户人数和成功变为真正客户的潜在客户的人数的数据，它还涉及在商定的框架内向客户提供价值的方式。

因此，与按时交付、完整交付、净促销员评分（NPS）、回应客户问题的速度等相关的指标现在系统地包含在仪表盘中。这样一来，公司能够了解多少潜在客户终止了他们的客户旅程、在哪个阶段终止以及原因。

持续改进

目标很明确：持续改进。这听起来是一个很棒的口号，不是吗？但你要如何做到呢？为了有所提高，你首先需要知道哪里出了问题，以及出问题的原因是什么。

这不仅是提高你所提供价值的质量，也是为了让客户感受到这种价值的提升。换句话说，你要让客户更满意。

你的管理和控制系统提供的数据以及来自客户和员工的有用信息能帮助你的公司持续改进。客户的反馈，他们对你提出的方案的回应，他们的建议和想法都将帮助你评估什么对他们重要，什么对他们无关紧要。如果客户认为你提供的东西对他们来说并不重要，他们是不会愿意花钱购买的。

你需要借助员工的反馈来评估指标产生的静态信息，并利用这些有效信息来提高效率和效能。关键指标由系统自动生成，但客户和员工不会主动提出意见。因此，你不仅要想办法鼓励客户提供反馈，还必须定期邀请客户参与反馈。你必须系统地听取客户的声音。

那么，怎样才能做到这些呢？例如，你可以邀请客户参加在线讨论或研讨会。有时，你还可以举办一些游戏，这样，获得信息的同时，也为客户提供了一种新体验。

这种方法也适用于员工。你让他们参与进来，让他们更容易表达自己的观点。但你也需要告诉他们，你是如何处理他们的反馈的。对员工来说，没有什么比自己的意见不被采纳更令人沮丧的了。当然，这并不意味着你必须严格按照员工意见行事，但你需要解释你在做什么，为什么要这么做，尤其是当你决定不按照某些想法或意见行事时。

通过这种方式征求员工的意见，会加深员工对公司的归属感，并能更好地认识到他们在公司中的地位。他们会觉得，自己要做的事情，远不止职责范围内的事情。在新销售界，维护客户关系是公司每个人的任务。因此，公司应该让每位员工都做出自己的贡献，不论贡献大小。

在这方面，培训和“再教育”起着至关重要的作用。理想情况下，应该通过一个平台组织培训，这个平台要划分模块，而且允许按需选择学习。这种类型的平台允许员工登录学习系统，选择要学习的特定课程。这些课程可以围绕一些短片或漫画进行开发，当然，它们要突出某些概念，可以包括一些互动元素，参加培训的员工需要掌握这些元素。

最后，要进行一次评估测试，以确保员工掌握了相关知识和技能。这种培训不应局限于你公司的员工，还应该包括和你公司相关的中介公司及其员工。借助这种方式，一些通过 DIY 商店销售产品的公司，能利用电影短片来培训这些 DIY 商店的员工，他们可以通过产品包装上的二维码获得电影资源。

人才开发

企业需要重新定义营销、销售和客户服务的角色，这就要求员工学习和掌握新技能，让市场营销、销售和客户服务变得越来越科学。因此，在这种新型公司工作的员工，必须具备真实、负责、灵敏的品质。

> 我们将越来越多地听到这样的口号：“淘汰旧的，换上新的！”

在未来几年，许多现有工作岗位将会消失，同时一批新工作岗位将会产生。劳动力市场将“入不敷出”。吸收新员工虽不能解决公司所有问题，但一定能改进公司的不足之处。我们将越来越多地听到这样的口号：“淘汰旧的，换上新的！”每项决定制定之前，都需要按照控制因素进行测试。一旦涉及控制因素，就有必要立即检查这个因素是否合理。如果这个控制因素阻碍问题的解决，该怎么办？你还需要权衡每项决定对公司内部信任水平可能产生的影响。

这种信任至关重要。员工既需要工作自由，也需要对工作结果负责，没有信任，就永远无法实现这一点。信任也有利于促进新老员工顺利交接工作。公司要让所有年龄层的工作人员都参与到讨论中来，因为这些讨论不仅关乎个人目标，而且关乎结果。让他们自己选择工具和设备，帮助那些不能独自做决定的客户。不要仅仅因为惯例就放松了警惕。

我知道你的公司拥有大量商业和营销人才，这是好事，但他们的天赋常常会隐藏起来。你需要找出隐藏的原因，然后发掘并利用这些天赋。

再次强调，对员工的培训非常重要。你要通过混合学习（其中包括传统和在线教学方法的混合）的形式，不断提高员工技能和市场洞察力。在瞬息万变的现代世界，跟上发展潮流是至关重要的。希望引进最新技术的公司必须记住，学习如何正确使用技术也需要花费时间和精力。

商业公司需要成为学习型公司，为每个员工提供有针对性的个人培训。重要的是，这些员工既可以学习固定的课程（例如，作为他们入职的一部分），也可以参加与他们相关的特定培训。这显然需要进行一项投资：帮助员工改掉旧习惯，训练他们掌握新技能，挖掘他们隐藏的天赋，等等。

但作为投资的交换，员工必须承担更大的责任。这会使公司的效率更好，管理层次更少，为公司带来更多利润。

大多数公司提供大量自动化营销培训，通常包括经典研讨会、网络研讨会、研讨会等。培训结束后，公司通常会给参与者颁发证书。我注意到员工会努力获得证书，因为这增加了他们的市场价值。在处理大数据或技术集成等问题上，也有更具体的培训。

当然，这些课程价格不菲。在著名的培训机构上一门经典课程的价格迅速飙升到数千欧元。但这通常是值得的，因为课程是长期的：良好的培训比以往任何努力都重要。同样重要的是，它将员工与最佳市场实践紧密地联系起来。

贝肯司坦商学院（Beeckestijn Business School）就是一个很好的例子。它由艾格佰特 - 简 · 范 · 贝尔（Egbert-Jan Van Bel）和汉斯 · 穆伦纳尔（Hans Molenaar）于 1992 年创建，现已成为荷兰博士后市场培训的参考。该学院在社会实践应用、对客户关怀的数字方法以及营销分析的使用方面提供专业课程。它的讲师是商界和学术界最优秀的。

图4. 8 荷兰贝肯司坦商学院

以类似的方式，勒里克 · 鲁汶 / 根特管理学院（Vlerick Leuven/ Ghent Management School）回应了比利时对培训和再培训未来销售和营销大师的需要。他们提供一系列的销售会议和网络研讨会，以及短期和长期的课程。我的朋友德瓦 · 兰加拉詹（Deva Rangarajan）教授在这个项目，特别是在弗莱里克（Vlerick）销售能力中心的发展中发挥了主导作用。

在国际层面有多种多样的高质量培训可供选择，提供了有关颠覆式销售艺术的新颖深入的观点。除了美国凯洛格商学院（Kellogg Business School）、英国克兰菲尔德大学（Cranfield University）和法国图卢兹商学院（Toulouse Business School）等久经沙场、声誉卓著的经典商学院，还有一些新的、令人振奋的平台。其中之一是“众包周网站”（www.crowdsourcingweek.com），它在全球范围内组织“灵感日”活动，主题包括新商业模式、共享经济和大众经济。

确保你的员工得到适当的培训，而不是学习一两门课程，却什么知识也没掌握。它意味着需要将适当数量的课程与适当数量的各领域的长期后续和进修训练结合起来，最好再结合一点国际经验。这将扩大你的员工的视野，并源源不断为其提供灵感。

终身做同一份工作的日子一去不复返了。现在，企业需要比过去更频繁地招聘新人才，但要按需招聘，并且只在公司需要新员工的时候才这么做。此外，他们将以多变的方式获得回报。这将根据他们的个人发展水平、个人或团体实现目标的程度以及他们的活动所带来的客户满意程度来确定。

另一方面，越来越多的专业人士想要自己决定为谁工作，在何时何地工作，而且只要工作不再有趣或失去挑战性，他们便想换一份工作。

雇主有责任确保最后两个标准得到满足。公司需要发展自我强化的概念，做到让客户和员工都感到满意。这些概念使得每一项行动都有助于改进本公司目前或未来的业务。这样一来，你不仅能收获今天的成功，而且对未来胜券在握。

第五章

自动化营销：重视营销技术的应用

如果你想让你的客户在现代市场上感到满意，则你需要考虑的不仅仅是销售。

你需要建立一个全新的商业组织。营销技术和自动化营销可以在这一转变中发挥促进作用。如今，这些智能系统使自动跟踪客户期望的过程成为可能，这一过程会持续到收货的那一刻甚至更久。如果你希望把客户变成品牌大使，则这一点至关重要。

选择自动化营销的原因

为了在客户旅程的每个阶段为客户提供卓越的价值，你必须确保销售、市场营销和客户服务之间无缝互动。客户的每一个行动，无论是线上还是线下，都可能是一个信号，需要你做出反应。为了准确地评估每一个机会并做出正确的反应，你需要监控和分析客户的每一个举动。他们会继续做你的忠诚客户还是会弃你而去？还是有迹象表明，他们正在考虑在晚些时候这样做？如果是这样，则公司应该如何应对？还是说暂时按兵不动才是最好的？

这些都是很难回答的问题，而且因为你需要及时做出反应，难度就更大了。事实上，没有影响深远的自动化的帮助，这些问题就没有好的解决方案。

市场营销本质上和销售是一样的，但规模要大得多。卖家喜欢在会议室里做30分钟的演示。营销人员将相同的内容以30分钟的网络研讨会或大会演讲的形式展示出来。营销人员通过社交媒体向数千人传达他们的信息；卖家通过电话向客户传达信息。客户服务人员回答问题并把内容和信息以最实用的方式表达出来，以此来为客户提供服务。所有这三个部门——市场营销、销售和客户服务——工作模式都是相同的：与潜在客户发展关系，并致力于将其转化为长期客户。

虽然市场营销、销售和客户服务有相同的目标，但它们为实现目标所用的工具不同。如今，CRM的主要功能是销售，它的运营机制是，记录每位（潜在）客户的详细信息，以使卖方了解客户的需求和期望，从而了解客户在销售旅程中的详细位置。当然，对销售人员来说，知道这些详细信息是非常有用的；但对市场营销人员来说，这些数据是远远不够的。

CRM与自动化营销相辅相成

CRM为约30%的实际销售过程提供了宝贵的支持。这30%主要与（潜在）客户和销售团队之间实际接触的阶段有关。CRM系统中存储着销售人员与客户联系生成的信息。

然而如今，剩下的70%的客户旅程主要发生在互联网上，因此其相关信息没有记录在CRM系统中。因此，这部分旅程只能在自动化营销及其相关工具的帮助下完成。

客户旅程之初会生成一些信息，CRM和自动化营销的整合恰好为销售和营销提供了访问这些信息的途径。在整个旅程的剩余部分内，自动化营销实时更新信息，将符合销售资格的潜在客户转化为真正客户。

CRM和自动化营销的整合，会使任何给定项目的营销投资回报率平均提高14.5%，而每多获取10%的信息，营业额就会增加14%。[1]

自动化营销能做什么？

在整个客户旅程期间，自动化营销软件可以追踪客户动态（和静态信息）。这样一来，你的员工就不需要去做这项烦琐且耗时的工作了，除此之外，自动化营销还可以收集和整理来自各种在线资源的消费者数据，这些数据经过分析、重组，便可用于为营销人员提供客户资料。

此外，你还可以通过电子邮件、社交媒体或在线广告等媒介来了解客户信息。数据显示，这些信息最有可能促使客户购买你的产品。例如，利用这些信息，制定特殊的促销价格、发出产品演示的邀请、提供一次有趣对话的契机。

顾名思义，借助市场自动化营销，公司可以自动生成、发送这些消息。这为你节省了宝贵的时间，同时确保（潜在）客户可以实时接收信息，或者稍晚一点（如果系统认为晚点发送消息更好的话）。

实时也意味着可以采取一些行动，这些行动可以持续一段时间。通常情况下，这些行动（电子邮件、在线广告等）都是根据客户的兴趣、需求和在线行为模式，为他们量身定制的。

但是，自动化系统使得公司可以采取更进一步的行动。它记录并评估哪些行动和内容能从目标客户中获得好评、中评、差评；获得好评的要继续进行，差评的直接放弃，中评的还可以再考虑一下。通过这种方式，自动化营销可以更准确地衡量成功的概率。它可以量化一项运动或行动的影响，从而确定今后的努力方向。在过去，这一点很难做到，这就解释了公司削减开支时，总是先从营销部门下手的原因。

> 你可以利用客户留下的数字足迹，来制定针对特定客户的销售方法。

客户每次在互联网上留下足迹，信息都会随时更新，如果你能随时了解这些最新信息，知道客户点击、浏览邮件的时间，了解他们的阅读偏好，你就可以大胆地改进你的商业方式。这种方式的内容和运用时机，要反映客户的基本情况和所处阶段情况。

由于客户在网上留下了可追溯的细节，因此他们能在最方便的时候得到他们感兴趣的信息。然后，公司将他们的喜好与其他的大数据相关联。

因此，通过客户留下的数据，公司可以为特定客户量身定制销售方法。公司通过这种方式，一种通用的营销方式可以转化为微营销和纳米营销，最终形成统一的方式，即最个性化的营销方式。

CRM系统的缺陷与改进

当你听到我以这种方式赞扬自动化营销时，也许你会想起几年前人们对于 CRM 横空出世的津津乐道。不幸的是，它在很多方面的实际应用都存在缺陷。如今，只要一提到客户关系管理，许多公司就会很为难，尽管它们对此并不感到反感。基于这个原因，我们有必要思考一下为什么 CRM 的实际运用不尽如人意。

首先，仅仅将一个新系统放入公司中是远远不够的。成功的基础在于有效地使用它。但只有它有助于人们的生活时，人们才会有使用的动力。换句话说，有必要让系统的目标人群参与进来，他们可以对系统的相关功能发表看法。如果一项创新为人们提供了便利，人们更容易接受它，也会更愿意学习如何使用它。如果系统不能很好地工作或者没有被使用，则这通常是因为它太复杂了。旧版本的 CRM 确实很复杂：糟糕的接口、复杂的设置、不良的连接，以及对任何人都毫无意义的过多的程序、流程和限制。

只有当客户提出愿望和对系统的期望，系统才能进行有效工作。它的工作不仅包括将公司当前的销售周期与系统中设定的周期关联在一起，而且应包括设计公司理想的完美销售周期，这样系统才能最好地反映和支持公司的销售周期。如果没有内部的共识和明确的协议，人类的优柔寡断就会在系统中突出地表现出来。

让我们继续讨论 CRM 及其带来的麻烦。要成功实施 CRM，需要满足三个先决条件。

首先，系统需要创新，需要为用户服务。特别是，该系统需要帮助公司的市场部门了解潜在客户和现有客户，在适当的时候制定一些活动，并监控所有相关的接触点。如果系统无法做到这一点，也许是因为你对客户的描述有问题；也许因为你的活动计划有限，只能确定下次电话或会议的日期；也许因为监视的联系人只是销售联系人，因此它们不够完整，无法进行你需要的分析，或者是系统只针对关键用户的需求，以致其他普通用户的问题处理起来太过复杂。

其次，该系统需要为客户提供便利。这里的客户指的是每位用户，而不仅是每天使用该系统的用户。CRM 必须是简单直观的，无须长期复杂的培训便能使用。必须确保每个人都对不同的功能及其基本概念有相同的理解，并且每个人都可以从系统中提取对自己很重要的信息。

令人厌烦的界面被使用得越来越少，常常导致延迟输入。如果这种延迟导致旧数据被添加到系统中，则你的 CRM 将不再提供实时更新的信息，这将显著降低其有效性。当这种情况发生时，这个体系很快就会被视为一种累赘，令人讨厌，而不是一种有用的工具。

第三，系统必须与企业资源规划（ERP）和其他有关信息来源保持良好的联系。员工何时会咨询 CRM ？只有当信息是正确且最新的时。这听起来很合理，但是许多 CRM 系统还没有做到与传入数据流同步。但是，只有当系统能够同步最新的和可靠的信息时，它才会变得更强大、更有用。人们很少使用不能反映最新信息的系统。将关键数据保存在自己的笔记本上，或者通过打电话联系获得正确的信息，这两种方式要更加简单。只有将 CRM 正确地连接到公司的 ERP 和自动化营销系统

（最好是实时连接），你才能让 CRM 系统继续发挥作用。

成功实施 CRM 最重要的因素是对人们期望的良好规范。这不仅仅是简单地把这些期望罗列在一个整洁的文件中，你还需要绘制流程图，其内容包括发掘潜在客户、客户管理、投诉管理、屏幕和报告的设计和（最后但很重要的一点）对用户情况的详细模拟：在车里、在客户的办公室、在家里的电视机前、在火车上、在飞机上、度假期间，无论能否上网。

CRM 的外观和用户界面与它包含的数据的准确性同样重要。

CRM 是一项正在进行的工作。这并不意味着你需要不断修改其基本结构，但你需要定期创建新字段、设计新报告和新功能，以及删除旧的和过时的。如果用户和他们的同事每年对新元素进行一到两次测试和评审，这就会有助于防止 CRM 系统老化。

当然，CRM 并非一成不变，而是一直在进步。一些供应商，如 SalesFlare 和 Nimble，通过结合许多不同的功能，为 CRM 解决方案提供了一种全新的方法。SalesFlare 基于邮件的跟踪和优先级排序，开发销售过程管理系统，该系统将人工智能引入中小企业的能力范围。Nimble 将联系人与领英个人资料连接起来，既快捷又容易。

为 CRM 的实施选择合适的合作伙伴是成功的另一个关键因素。近年来，我近距离监控了超过 35 个 CRM 实施。许多提供者效率都非常的高，其他则简直就是一场噩梦！

最成功的项目都是由公司自身坚决推动的，销售和营销部门占主导地位。最不成功的项目是由中央 IT 部门运行的，他们将重点放在安全性和与其他系统的集成上，而不是放在对销售过程的日常支持上。

成功的 CRM 实施始于对销售流程的更新和对公司当前商业方法的批判性分析。如果你忽略了这一阶段，则你最终会得到一个过时的方法，从而使你的新 CRM 失去提高公司生产力和改善公司与客户关系的机会。

自动化营销的基本功能

自动化营销工具通常具有以下五个基本功能或应用：

1. 它们使在线行为的监控成为可能；
2. 它们有电子邮件营销功能；
3. 它们使管理客户关系和联系成为可能；
4. 它们使日常工作自动化；
5. 它们提供了培养潜在客户和分析的工具。

市场上的大多数自动化营销解决方案都提供了类似的工具。有些软件包有更具体的定位功能并提供更具体的服务。例如，它们可能专注于电子商务（SALESManago）或内容管理以及博客监控（HubSpot）。其他的则基于与特定 CRM 系统的本地链接，如与 Salesforce 的 Pardot、与微软的 Click-Dimensions 和与 Sugar CRM 的 SilverPop。

如今，市场上有一批功能齐全、开发较早的大型自动化营销软件，它们可以链接到每个系统，如 Marketo 和 Eloqua。此外，还有各种知名的和不太知名的自动化营销软件，可为在中小企业环境中运营的公司提供必要的支持。

我们有必要逐个分析这些常见功能。特别是，要区分基本功能和附加功能，附加功能只能在更复杂的版本中找到，通常作为专用选项存在。[2]

监察网上行为

自动化营销平台的基本特性之一是，能够识别访问网站的用户，查看他们浏览公司主页的时间，记录他们查看的页面，并首先识别他们获取网站信息的来源。

许多软件包提供了将自动化营销与IP识别相关联的选项。IP识别有时会进一步补充客户相关信息，如管理者姓名和他们的领英页面。到目前为止，这个功能在较大的市场中发挥了重大作用，一些数据供应商有时会有兴趣建立这种互动。在美国，自动化营销与IP识别之间的关联已经相当普遍，尽管比利时和荷兰还尚未发展到这一阶段（荷兰比比利时的情况好一点）。

大多数系统还可以提取其他信息，如联系人在线使用的搜索术语，他们点赞、分享和评论的详细信息。还有一个高级功能，它能监控你的联系人在移动设备上的行为，通常这会透露出该设备的使用时间、地点、使用人及使用目的。

如今，高质量的自动化营销软件通常包含社交分析工具，让你能够查看联系人在社交媒体上说了什么。如果你给你的联系人发送了一些内容，这些工具还可以识别其中的哪些元素已被联系人分享、分享给了哪些人。

你也可以将自动化营销软件链接到脸书上，然后收集、分析信息，并将这些信息与从其他来源收集到的类似信息结合起来。然而，综合信息功能是可选的额外功能，需要付费使用。

邮件营销

如今，电子邮件功能是市场上绝大多数自动化营销软件包的标准功能。发邮件仍然是与潜在客户沟通的最佳方法之一，并能在客户旅程的每个阶段为他们提供增值指导。专业软件包至少要能向特定客户群发送邮件，其次要能以个性化的地址形式发送。

其他常见功能包括垃圾邮件测试、确认联系人是否已收到邮件、确认邮件是否已打开，以及确认稍后邮件是否被重新点击查看。

基本功能还包括，自动生成和发送邮件，这个功能一般用于联系人显示出预定行为后，如填写表格或下载文章。或者，如果联系人已经有一段时间没有访问你的网站，系统可以发送一个刷新邮件。

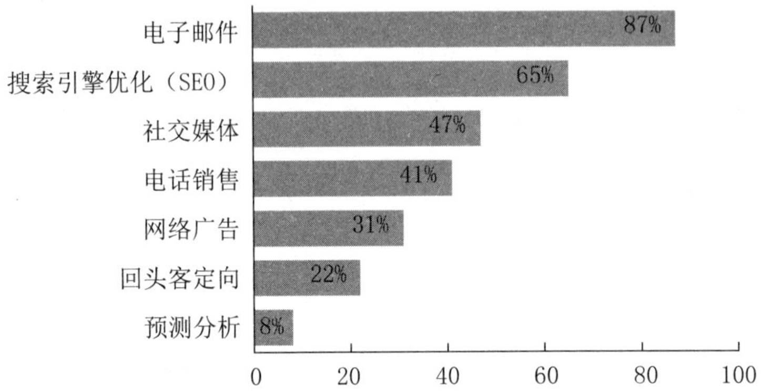

图5.1 美国B2B市场营销人员在客户旅程中与潜在客户沟通的渠道

来源：2015年需求生成报告基准研究

许多系统也有直观向导选项，用来设计清晰、有吸引力的电子邮件活动，或创建引人注目的表格。这些系统通常也支持HTML模板导入。

更先进的平台有利于电子邮件内容的动态化。系统将你的联系人信息与可用内容范围进行比较，并选择最适合该联系人的选项。顶级系统甚至能提供所谓的“A/B测试”（也称为“分割测试”），将同一消息分配给两个不同的测试组，然后比较这两组的测试结果，接着从测试结果中选择一种更有效的方式，来给你剩余大部分联系人发送邮件。

“来自”是一个更复杂的选项（通常作为附加选项），显示了发送方详细信息。根据你所处的市场，以特定发件人的名字，如客服的卖方名称发送电子邮件正变得越来越普遍。这给你的邮件活动增添了一点额外的风格。

动态沟通

掌握了各种客户信息，你就可以自动地、有针对性地简化与客户的沟通，使其更具动态性。动态内容意味着不同客户在邮件中看到的内容是不同的，与他们的信息是相匹配的。这些调整可以包括使用特定的颜色、文本和弹出窗口，以及文本结构。动态表单只包含重要问题。系统已经有很多信息，但仍然需要额外的信息。

动态定价是指设置价格，以反映你的网站访问者的概况。如果一个联系人在相对较短的时间内多次访问你的网站，那么他将获得与第一次访问网站的人不同的价格。例如，预订机票网站、假期旅游团网站就使用了这个方法。它在某些 B2B 应用程序中也很有用，在这些应用程序中，你可以向属于某个类别或特定折扣组的客户显示调整后的价格。

当然，只有当你的系统将你的联系人分类时，你才有可能提供此类动态个性化内容。基于联系人的在线行为，这种分类是自动进行的。系统中还有一些次要的信息，比如与支付行为相关的事务数据、联系人可用的硬件和软件（web 浏览器、操作系统等）或地理位置。

内容管理功能的总结

- 培养潜在客户；
- 发掘潜在客户；
- 潜在客户资格评定；
- 客户参与度指数；
- 实时内容个性化；
- 销售情报；
- 站内销售；
- 客户旅程周期管理；
- 大数据市场；
- 分析和事务自动化；
- 多渠道销售；
- 动态一对一的电子邮件；

- 匿名的自动化营销；
- 预测销售；
- 小型在线自动化营销；
- 结合 CRM、ERP 和呼叫中心。

来源：SALESManago 2015

CRM和联系人管理

没有 CRM 也可以实现自动化营销。但是，如果你已经拥有一个独立的联系人管理系统或 CRM 系统，那么市场自动化检测到的信息可以与现有系统无缝匹配。通过这种方式，你可以将整合的信息在公司的所有层级内共享。这能大大提升商业组织的效率和效能。

自动化营销便于管理联系人、将他们分类以及将这些小组分配给特定的销售人员。该系统能对客户在线生成的可追踪信息给予自动处理，还能对客户档案进行编译和监控，为组织内的不同功能配置文件，创建不同的账户。例如，它可以决定谁可以查看客户信息，以及谁有权修改客户资料。

完善的自动化营销平台允许用户在客户联系卡上添加备注和单独的任务列表。这使得系统的每个用户都可以创建自己的个性化 CRM 工作环境。这些先进的系统还可以连接到销售团队的个人电子邮件账户。通过这种方式，销售人员发送和接收的邮件立即被吸收到监视和自动信息处理过程中，从而创建一个完全集成的电子邮件环境。

计分及培育

现在，你可能在想：发一两封邮件有什么特别的？我能做到！客户细分？我也可以手动操作，不是吗？我只需要一支笔和一本笔记本！为什么我要买一个昂贵的系统来做我自己可以轻松完成的事情呢？联系管理和客户分析也是一样的，我只需要一点常识，一个 Excel 电子表格和 CRM 的一点帮助（如果是最新的！）为客户量身定制内容？用笔和笔记本就能办到，或者一个文字处理器……

当然，你的想法没错，选择权在你。但是请记住，有一些非常特殊的功能，你只能通过自动化营销来实现。

> 有一些非常特殊的功能，你只能通过自动化营销来实现。

在销售过程中，如果你不能引起潜在客户和客户的兴趣，你就不会成功。自动化营销登记每一个访问你网站的用户，并调查每个联系人的商业潜力，以便你从中发现可能的潜在客户。尽管这些联系人中的许多人很快就不再对你的产品感兴趣——85% 的访问者只是在探索各种可能性——但系统会监视他们所有人：他们想要什么信息、谁想要这些信息、他们在每一个网页上停留了多长时间，等等。

此信息用于给每个联系人打分。潜在客户的排名基于他们不断变化的分数。只要你想看，自动化营销就会为你生成最可能转化成真正客户的潜在客户清单。达到一定分数可能触发相关行为，例如发送哪一种信息、发送频率和发送者。

潜在客户得分是自动化营销的一个基本概念。你可以根据你的联系人所采取的具体动作来进行加分或减分。这样一来，你就有了一份对每个潜在客户的“关系 - 意愿”的量化评估。有些系统有更复杂的评分方法，在象限模型中定位客户关系，并在热图中显示结果。潜在客户得分也常常与人口统计和在线行为数据相结合。

一般来说，潜在客户得分有两个不同的层次：参与度（隐性潜在客户得分）和契合度（显性潜在客户得分）。他们的在线行为（例如，要求商家提供一份白皮书）、点击次数和停留时间等个人信息会反映在参与度上。联系人与你的目标客户类型（你希望吸引的新客户类型）匹配的程度反映在契合度上。

在更好的自动化营销中，参与度和契合度都是使用算法自动计算的。有时，这两个指数都可以用象限矩阵中的某个位置直观地表示。最值得重视的潜在客户（不言而喻）是那些契合度和参与度得分都很高的客户。自动化营销的第二个附加价值是潜在客户培养。

这是当前的一个热点问题。2015 年《需求生成报告基准研究》表明，近三分之二的受访者想在 2015 年测试或推出领导培养技术。[3] 潜在客户的质量变得越来越重要，另外，当前最新的技术使得他们可以集中精力和资源在他们最有可能取得成功的领域。

较好的自动化营销平台包含自动程序，它为销售团队提供一份有望发展成真正客户的联系人列表。这些联系人已经走过了客户旅程的很多阶段，到达了需要最终决策的阶段。当然，这意味着不再需要手工评估潜在客户，而考虑到潜在客户现在要求获取新信息越快越好，越频繁越好，这就成为几乎不可能完成的任务。某些系统提供的解决方案是自动联系人分配和分配流程，最好用于跟踪有希望成为真正客户的潜在客户。

如果你想为客户提供个性化服务，如果你以最有可能吸引客户的形式呈现内容，则这将非常有用，因为这会提高客户阅读和使用的概率。自动化营销生成的追踪信息将提供一些线索，如客户是否可能回复电子邮件或你的网站建议。一些自动化系统甚至可以使用工具，为客户准备量身定制内容，如 HubSpot 的内容生成器。在其他情况下，你可能需要购买独立的内容制作软件，用它存储各种想法并将其转换为可用于博客的文本。

自动生成内容

自动生成内容是一个新型功能，尚不完善，如以下文本所示。本文是《卫报》关于藜麦的一项实验的结果。当我询问 HubSpot 团队在利用其自动化系统中包含的内容自动生成博客方面进展如何时，他们将这份实验结果发给了我。

“这个月，藜麦类食品占领了美国市场。据秘鲁报道，纽约已经证实藜麦是他们见过的最传奇的食物。据顶级食客约坦·奥托伦吉（Yotam Ottolenghi）称，目前该作物的销售居高不下，可能比磨碎的黑胡椒的销量还要大。专家表示，食盐的销量要增长，大学也要不断努力来寻找解决方案。最后，值得注意的是，这篇文章经过多次修改，才达到通顺达意的效果。”

尽管这篇文章只是为了愉悦大众，但预计在未来几年内，自动生成内容的质量会迅速提高，只需点击几下鼠标即可生成一篇博客或邮件。当然，你可能需要微调一下文本，但文本的基本结构将是正确的，并且将反映与本机内容匹配、具有可查找性、可共享性和易读性的当前最佳实践。

点滴营销及提示信号

自动化营销也使你能够发起可自动触发的点滴活动。点滴营销（Drip Marketing），顾名思义，就是你把你的信息一点一点地传达给（潜在）客户，逐渐吸引客户兴趣。你应该只对符合条件或行为符合标准的联系人展开攻势。如果你的联系人下载了你们公司某个产品的全部信息，你就可以给他们发送更详细的信息，甚至给出建议。

点滴活动一般通过电子邮件进行，也可以在社交媒体上进行。每次沟通的内容，都是针对目标联系人的兴趣和需求而专门设计的。你公司的自动系统将实时掌控客户兴趣，从而知道应该在什么时候发送哪种消息，以便将联系人沿着销售旅程进一步推向购买下单。

CRM 和自动化营销系统的另一个共同功能是自动生成和分配任务，并在需要采取紧急措施时，自动发出提示或警报。例如，一旦（潜在）客户在线执行某项操作，系统便会自动向相关员工发送通知，如向销售人员发出信息，建议他们立刻联系该潜在客户。

自动任务列表也会以类似的方式提醒你接下来要做的事情。它会提示你，是时候在社交媒体上为你当前的电子邮件活动组织一个新的网络研讨会，或者为即将到来的国会进行邮件游说了。

最后还有很重要的一点，那就是还有许多可以自动操作的活动，这完全取决于你如何规划你的营销系统。潜在客户或现有客户的各种行为，可以与同样广泛的预先定义的自动响应相关联，并根据联系人的具体情况进行调整。通过这种方式，你可以在客户旅程的所有阶段继续增加价值。

分析和报告

除了有机会扩展高效的个性化营销活动，以满足更大群体（潜在）客户的需求，自动化营销还有另一个显著的优势。它为你提供了工具，可以深入分析（潜在）客户的在线行为，以及他们对开放型价值主张的反应，并将结果整理成一系列清晰的报告和关键数据。

最常见的在线工具是那些衡量联系人在线活动的工具，它将告诉你哪些内容更受欢迎，哪些消息更容易被客户接受。其他标准工具可以衡量登录页面的性能、在线提供的内容、发送的邮件和执行的活动。这些工具还可以追踪客户来源。

更先进的自动化营销平台有额外的功能，如优化搜索引擎的内容，通过搜索引擎优化关键字分析（SEO），你可以看到自己目前在谷歌、雅虎等网站的搜索排名。

最先进的平台会衡量每一项活动的投资回报率，并根据潜在客户的数量和产生的额外回报来监控投资资本的水平。系统注册并交叉引用所有相关数据。如果客户购买了商品，系统就会将其记录在他们的在线历史记录中，也可以为独立销售团队和销售活动核算成功报告率，以及分析这些行动对相关联系人的影响。有些系统甚至量化了在销售过程的每个阶段胜出所需的成本。

案例研究

智能预测

智能预测是一种为每位客户量身定制独特体验的方法。你可能会说，这没什么奇怪的，因为根据客户个人资料中的偏好，你已经对内容、服务和产品进行了个性化处理，但智能预测所能做的不止于此，它还能对那些关于客户历史行为的概要文件，或客户过去愿意分享的信息给出处理。

另一方面，预测智能使用算法来实时掌握客户的个人资料，通过实时收集客户行为信息来分析客户的行为。然后，根据对客户可能采取的行动或对他们的偏好预测，使用活动概要文件来自动提供内容或发布产品。这些内容通过网络、手机、电子邮件甚至呼叫中心传送。

软件营销部队（SalesForce）的数据显示，智能预测将网站收入提高了10%，电子邮件点击率提高了35%，电子邮件转化率提高了25%。[4]

“智能预测根据客户行为，实时记录客户信息。”

如今，智能预测已经无处不在。从网上音乐商店购买一把电吉他，你会收到关于配件的建议，如特定的声音效果踏板。而且它的音效并不差，与你过去购买的或是其他客户收到的电吉他同样完美。

或者，假设你连续几天在客户的办公室里做一个项目，晚上很晚才回家，还要在附近买些吃的。在过去的几天里，你不断地在网上搜索附近的餐馆，搜索你喜欢的意大利菜，而不是中国菜，反之亦然。

预测智能将检测到你的喜好，并会提供一个评价良好的新餐馆，或者提供一个附近的特殊菜单。根据你在餐馆花费的时间，该程序甚至可能发现，这家餐馆虽然环境不浪漫，但价格实惠，这表明在高速公路附近有一个方便实惠的餐馆。

预测分析是给客户提供便利的程序。标准的、重复的购物清单会编入程序，而相关员工将管理你的清单。当亚马逊提供预发货服务时，它会为你提供厕纸选项，让你永远不会有用光厕纸的烦恼。[5]客户可以用物联网收集数据，反过来，商家也可以用物联网追踪客户行为。

应用跟踪和信标

自动化营销也正在逐渐进入应用程序和移动设备领域。例如，像SALESManago这样的公司正在尝试应用程序跟踪和将信标整合到自动化营销中。

应用程序跟踪使自动营销进入你的智能手机的核心：安装在智能手机中的各类应用程序。应用程序跟踪使许多自动化营销功能可以应用于手机应用程序。最近的一项功能（我最近才亲眼见识到）是识别用户下载到手机上的应用程序。“给我看看你的应用程序，我就知道你是谁。”将自动化营销与手机应用程序结合起来，创造了无穷可能性。

信标和近场通信设备是蓝牙跟踪器和发射器，可以与客户进行对话，并直接向他们的智能手机发送信息。其中涉及智能手机（信标）的检测，以及当客户来到发射机附近时信号（近场）的接收。这项技术有许多潜在的应用，包括零售部门以及交易会和办公室。这样，你就可以实时记录客户在现实世界中的兴趣。

近场通信同样为销售点提供了众多可能性。特别是，这样一来，显示能够链接到客户的数字旅程，并且（毫无疑问）使用客户接触点标记功能使用记录。联系人在商店或交易会上的活动为记录标记乃至自动化营销提供了有用的信息。

同样，虚拟现实（VR）也将很快成为标准。因此，信息的视觉接收和吸收、产品或服务使用的逼真模拟以及用VR体验替代传统样本将很快成为业内规则，而不是例外。

此外，物联网和工业 4.0 的结合，以及无人机越来越广泛地使用，将会带来新的可能性，这是企业家以前只能在梦里看到的情景。

对于我们的客户之一——Group Suerickx 集团——一家颠覆式公司，它正在工业和住宅装修市场迅速占据一席之地，我们最近开发了一个全新的 CRM 系统。它的特点之一是，由一个潜在客户填写的调查表格可以立即自动链接到谷歌提供的俯视图和街景。这两个图像旁边还有潜在客户 CRM 资料中的地址。

这使得参与该项目的每个公司员工都可以检查该房产的屋顶和山墙，而无须实地考察。因此，公司职员能够向潜在客户提出一些他们感兴趣的问题。

现在，越来越多的公司在试验用无人机派送包裹。很可能在不久的将来，如果无人机碰巧经过你的目标联系人的位置，公司就会考虑购买这些无人机拍摄的图像，并记录下无人机提供的这些机会。这将意味着，即使你自己没有无人机，你也可以画出一张涵盖所有建筑或空地情况的地图。

这听起来像是侦探电影中的情景，在这种电影中，警用摄像机和交通摄像机拍摄的视频图像可以用来追踪罪犯。但它很快就会成为商业现实。你甚至可以在 GoToMeeting 中集成无人机图像，这样你就可以在 120 米高空实时分析问题，并与客户交流想法！

案例研究

无人机配送是亚马逊未来的送货方式

在未来，亚马逊可能在你下单之前就把书送到你家，它能预测你的阅读习惯，并以此来影响你的习惯，而这些书可能是通过空运送达的。无人机配送是亚马逊推出的一种送货系统，旨在使用无人机在 30 分钟内将包裹安全送到客户手中。2016 年，他们已经以每小时超过 50

英里的速度飞行了 20 英里。[6]

亚马逊正在不同的运营环境中测试不同的无人机配置和交付机制，其中比较突出的是美国、英国、奥地利、法国和以色列等无人机发展中心。

无人机运送的包裹重量不到 5 磅，目前亚马逊 86% 的包裹都是由无人机配送的。[7] 2016 年 12 月 7 日，亚马逊无人机在英国剑桥地区完成首次包裹交付。[8] 几个月后（2017 年 3 月 17 日），在美国棕榈泉，亚马逊公司主办的一次会议上，一架无人机投递了一箱防晒霜。[9]

尽管仍处于测试阶段，而且按照有关规定无人机配送机制需要进行修改（可能需要一段时间），亚马逊表示，总有一天，空中的送货无人机将像马路上的快递员一样常见。[10] 无人机投送将成为快递选择之一。[11]

亚马逊有一个 30 分钟的送货窗口，在大多数情况下，在这里下单将比去商店购物要省时。无人机携带包裹起飞时，客户不仅会收到通知，而且应用程序会开始倒计时。在接收端，你需要印有亚马逊标志的着陆垫，你可以打印出来，贴在家里，为无人机引路。[12]

案例研究

UPS 是如何使用卡车和无人机组合配送系统的

无人机技术似乎完全改变了物流配置。虽然无人机配送会受距离半径的限制，但是将现有技术和新技术相结合正迅速突破这些局限，提高了无人机的实用性。

例如，UPS（美国快递公司）推出了一种卡车和无人机组合的配送系统，其中卡车还充当移动的本地配送中心。[13] 它由一种新型的电动运货车和一个无人机码头组成，车顶上还有一个发射台。

悬挂在无人机下方的笼子通过一个舱口进入卡车。里面的 UPS 司机将一个包裹装入笼子里，按下触摸屏上的一个按钮，将无人机按照预设的路线发送到一个地址。

然后无人机会自动飞到目的地，这样司机就可以在路线上配送别的客户的货物。包裹被释放后，无人机自动返回到停靠在预定车站的货车，并自动重新停靠。无人机靠电池供电，停靠时会进行充电，充一次电能飞 30 分钟。无人机的最大载重量为 10 磅。

将现有技术和新技术相结合正迅速突破这些局限，提高了无人机的实用性。

卡车和无人机组合配送系统有望带来较大的时间和成本收益，尤其是在与送货站相隔数英里的农村地区，或者在呈三角形分布的路线上。从一辆包裹卡车里派出一架无人机来完成其中一项配送任务，可以大大减少行驶里程，并帮助司机节省时间，满足日益增长的客户服务需求，电子商务的发展也促进了客户需求的提高。

多年来，UPS 一直在测试自动化和机器人技术，包括无人机。2016 年 9 月，UPS 的一架无人机将一个哮喘吸入器从马萨诸塞州的贝弗利市（Beverly）送到了大西洋海岸 3 英里外海岛上的一个青年营地。

此外，UPS 正在广泛使用无人机进行人道主义救援，与第三方组织合作，将血液和疫苗等拯救生命的医疗产品运送到交通不便的地方。2016 年 10 月，首批医疗物资从卢旺达机场起飞。UPS 在美国肯塔基州路易斯维尔（Louisville）和荷兰文洛（Venlo）的仓库里，也在使用无人机来确认高货架上的库存或可用空间。[14]

未来，UPS 将扩展试点以提高运营效率，包括库存管理、设施监控和外部设备检查。然而，混合卡车和无人机送货系统表明，非紧急住宅送货也将成为无人机日常业务的一部分。

大众化

价格不再是问题。过去只有大公司才负担得起的应用程序，现在中小企业也能负担得起了。

过去只有大公司才负担得起的应用程序，现在中小企业也能负担得起了。

现在，你可以租用一个非常实惠的自动化营销软件包，每月只需299欧元。如果你想要更高级的，每月大概需要600欧元。如果你想要最先进的软件包，它的价格大概在每月1500~3500欧元之间。但即使只花299欧元，你也可以知道谁在访问你的网站，谁在阅读你的邮件，以此收集关于你的潜在客户的个人信息，发送有针对性的邮件，分配任务，更重要的是，决定向潜在客户销售的时机。

如果真的手头拮据，你甚至可以找到更便宜的软件，但这些软件包只提供简单的解决方案，通常还处于测试阶段。即便如此，对一些客户和飞行员来说，这已经足够了。你只需付款，然后选择合适的软件。

在某种程度上，市场上有这么多营销工具是一种劣势（还是一种优势？）。大多数营销工具提供了或多或少相同的功能选项，但是它们都有各自的特殊功能和差异。找到最好用的软件并不容易。那么你的选择标准是什么呢？

市场营销人员的技术

斯科特·布林克（Scott Brinker）是I-on Interactive公司的首席技术官，在他的首席营销技术专家博客中定期总结现有的营销技术。这些总结列出了当今企业可能需要的所有工具，包括塑造客户体验、管理运营、处理数据、自动化营销、云工作、组织社交媒体营销、建立电子商务等工具。

布林克的博客看起来像个簇状标志的地毯，过于复杂。但他总结的力度和深度无疑证明了近年来营销和技术是多么紧密地交织在一起，现代营销已经远远超出了简单地组织广告和促销活动的阶段。

对今天的市场营销人员来说，主要的困难是要在各种各样的技术中，抽时间以一种集中和综合的方式学习使用他们选择的工具。但这仅仅是个开始。根据布林克的说法，下一个巨大的困难将是，许多技术供应商将越来越多地选择合作，甚至合并。公司整合是不可避免的。

布林克的技术图太详细了，无法在本书中重现，但你可以通过扫描下面的二维码来查看。管理者会发现，利用它可以检查他们的营销人员对技术的掌握程度。

图 5.2 二维码：斯科特·布林克的技术图

从5381个营销技术解决方案中选择

年复一年，由斯科特·布林克编写的市场营销技术应用总览图销量大增。在这张自定义的“超级图形”中，有数千个标志，他的技术海报几乎是一种现代艺术，既激发了人们的热情，也引发了人们的极度恐慌——这是可以理解的。

布林克于 2017 年 5 月在旧金山举行的 Martech 大会上展示的营销技术方案比 2016 年增长了约 40%，一共有 5381 个解决方案。涉及的公司有 4891 家，较 2016 年增长了 40%。

解决办法分为六类：

· 广告和促销；

· 内容和经验；

· 社会和人际关系；

· 商业和销售；

· 数据；

· 管理。

数量的增长和可用解决方案的多样性是相当迷人的，并显示了营销和销售方面的变化和数字化。几年前，2011年，布林克只绘制了150个解决方案。

> 数量的增长和可用解决方案的多样性是相当迷人的，并显示了营销和销售方面的变化和数字化。

布林克发现（用他的话说）“大量的变动”，2016年的解决方案中有4.7%被移除，另外3.5%被重新命名或重新聚焦。然而，被移除的公司和解决方案所占的比率远低于新增加的公司和进入者所占的比率。布林克说，有趣的是营销技术供应商的长尾分布，其中包括一些大型公司、数以千计的小型微型软件服务公司（Software as a Service-companies，SaaS），以及创新者。与其他数字平台技术市场形成鲜明对比的是，主要参与者并没有低估蓬勃发展的业内环境。

2017年，布林克表示：“营销的爆炸式的影响力增长，新颠覆和创新统治营销和业务发展的速度使得任何供应商无法提供营销人员在一个数字世界里需要的所有东西……绝大多数主要供应商现在都意识到这一点，他们已经改变了策略，拥抱新的局势——成为真正的‘平台’，让营销人员更容易提供各种更专业的解决方案。”[15]

大多数规模较大的Martech平台和基于云服务的解决方案都被设计为集中式的中心，其他解决方案可以囊括其中，就像一个中心有轮毂、四周有辐条的轮子一样。然而，在中心化架构计划之外，布林克还描述了一种分布更广和更有机的方法，是一种建立在数据共享基础上的更社会化的组织模型。

他说：“在集中式平台的另一端，集成平台服务（integration-Platform-as-a-Service，iPaaS）解决方案让公司创建“分布式”平台，也就是在营销应用程序和它们自己的独立营销数据库之间动态地输送数据。”[16]

这种有机的架构有一个优点，就是对变化的适应性强。布林克说："另一组平台出现了，它们混合了两种架构，结合了集中式和分布式平台设计，将集中式和分布式哲学混合了起来，例如数据管理平台、客户数据平台和实时交互管理。"

形式似乎比以往任何时候都更服从于功能。布林克说："现在很多营销人员不再选择套装或者最好的产品，而是把这两种方法结合起来——把套装作为数字营销中心，然后用一系列更专业的产品来扩大它们的规模，制作属于自己的特殊营销和客户体验。"[17]

越来越多的公司将不再关注集中式中心架构的计划，而去构建更社会化的组织模型。

布林克鼓励别人在媒体上复制他的"Martech 5000"超级图形，而且是完全复制。就我个人而言，我喜欢这样做，因为它强调了我试图传达的整体信息。

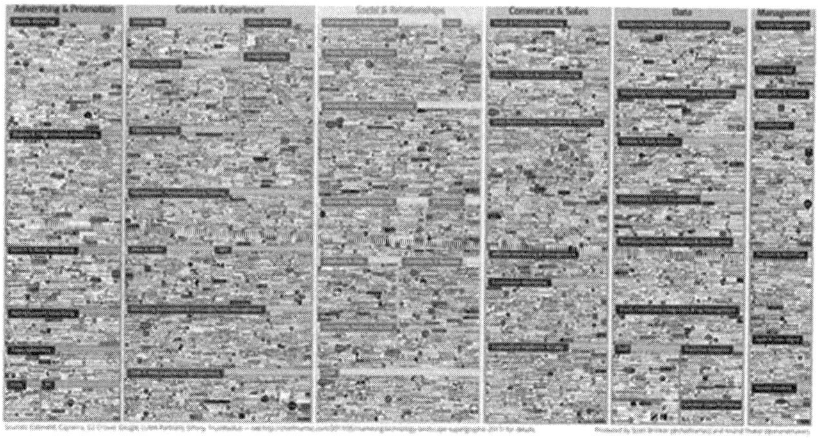

图5.3 市场推广及科技概览（"Martech 5000"）

来源：chiefmartec.com，2017 年 5 月

别担心，你不需要戴眼镜！一个可读版本的超级图形将需要至少一

个折纸一样的折叠咖啡桌大小的书，即使这样，人单靠肉眼也无法辨别上面的各种标志。

事实上，这里显示的像素化示例是对科技泛滥的一种调侃，故意强调这样一个事实，虽然技术是为了让我们的生活更加简便，是为了推动发展、促进成功，但是大量纯粹的技术解决方案让事情变得过于复杂，产生了一种只见树木不见森林的压倒一切的感觉。你可以从 chiefmartec.com 网站上下载 Martech 5000（全球营销技术生态全景图）的完整版，从中你可以了解到，这个世界上还有很多你不知道的事情。

但与此同时，在现有版本之外，还会出现各种形式的专业版本。这有点像 Martech 生活的一个新时代，在这个新时代，科技在不断变化的环境中迈出了下一步，使新科技得以蓬勃发展。

在 CPI 上，我们建议公司构建理想的技术堆栈。我们每天都会受到营销技术的影响，遇到营销技术带来的种种复杂问题。

我们使用 SalesForce 公司的产品时，体验一直非常好，它已经从一个 CRM 平台发展成为一个完整的生态系统，允许各种函数以动态方式运行。在许多公司，我们能看到一种趋势，即从全面的企业资源计划（ERP）转向简便的 ERP 体系结构和功能更加灵活的 CRM 系统，如用于关键流程（财务、采购和生产计划）的企业资源管理系统（System Applications and Products，SAP）。对于其他项目，我们使用 iSaaS（集成服务作为解决方案）来连接不同的平台和工具，这与斯科特 · 布林克设想的分布式解决方案一样。

技术飞速发展，语音、文本、语义分析和物联网等新概念变得越来越重要，因此我们必须认识到，技术栈的建立不能一劳永逸，而是需要每 6 个月检查和更新一次。这是为了提高效率，以客户为导向，跟上不断发展的客户需求。

考虑到技术的快速发展，我们必须承认，技术栈的建立不能一劳永逸，而是需要定期审查和更新。

短信取代面谈

18~24岁之间的受访者中，在只能发短信和只能打电话之间，约75%的人选择了发短信。

2017年聊天机器人激增，反映了24岁以下的青年人倾向于发短信而不是当面聊天。早在2013年，英国的一项研究[18]发现，年仅8岁的学龄儿童的双语能力不断提高。你可能想不到的是，这些孩子擅长的第二种语言是短信语言（textspeak）。三分之二的老师表示，他们经常在学生的家庭作业中发现各种常见于短信的词语，比如IMO（in my opinion，在我看来）、YOYO（you are on your own，你就是你）、THX（thank you，谢谢你）或ATM（at the moment，目前）这样的文本。在过去的5年中，短信和在线消息迅速普及，成为年轻人首选的交流工具。

在过去的10年里，每月通过网络发送的短信数量增加了不止7700%。[19]在18~24岁之间的受访者中，约75%的人选择了发短信。此外，75%的千禧一代更喜欢以短信的形式收到跟约会、付款、订单提醒有关的信息。[20]

年龄小于24岁的人倾向于发短信而不是面谈，这也对公司未来与客户沟通的方式产生了极大的影响。

现代生活的语境影响着人们从文本到言语的表达倾向，现代人的生活是忙碌的，同时处理多种不同任务的能力已经成为大众普遍的期望。大多数工作都要求员工有平衡时间和精力的能力，雇主也希望你能同时处理多个优先事项。即使在家里，我们的注意力也会在多个电子设备之间来回切换。看电视时，我们也会浏览并分享社交媒体上的帖子，并通过平板电脑和智能手机与朋友聊天。

> **千禧一代不再接你电话的 10 个原因**[21]
>
> · 电话会对他们造成干扰；
>
> · 电话太过肆无忌惮；
>
> · 电话很浪费时间；
>
> · 电话对他们的生活没有任何积极作用；
>
> · 电话会让他们感到厌烦；
>
> · 电话会对他们造成压力；
>
> · 电话的次数过多；
>
> · 电话并不是私人的；
>
> · 电话并不是个人的；
>
> · 电话来临不可控。

当客户在犹豫是否要在他们的网站和约会门户网站上使用聊天功能或聊天机器人时，我们会试图向他们阐明这一点："不要聊天和面谈。"从下述内容你能了解更多。

短信时代的另一个优势是：更容易分析对话。就演讲而言，你首先要把口头作品抄写成文本，这是一个耗时的过程，你甚至来不及分析内容。

当短信成为媒介时，所有需要分析的信息都是现成的。这确保在项目中，能与客户进行良好沟通，能对积极和消极趋势、对话中使用的关键词和流行主题进行分析，这些都能以有效和廉价的方式实现。

> **实时聊天几乎和电话、电子邮件一样受欢迎**
>
> 当你有问题或者需要帮助时，你如何与公司的客户服务团队联系？

基于美国、英国、爱尔兰、墨西哥和哥伦比亚的 1426 名消费者的调查显示[22]：

· 与客服通话：58%；

· 电子邮件：54%；

· 实时聊天：48%；

· 短信：17%；

· 带有交互式语音识别系统的电话交谈：17%。

根据 2016 年消费者体验指数（Aspect Consumer Experience Index）显示，在 18~65 岁的美国消费者中，有 49% 的人更喜欢通过短信、聊天或发消息进行互动。[23] 39% 的消费者认为，在与公司打交道时，发短信比当面聊天更有效。[24] 假设用户体验的质量和隐私得到保证，40% 的人更喜欢即时通信应用（如脸书的 Messenger、WhatsApp、Slack、Snapchat 等）提供的客户服务。

人们对自动化和自助服务体验的兴趣和需求持续上升：69% 的受访者表示，他们每月至少与智能助手或聊天机器人互动一次（假设人们能够区分人类聊天和机器人聊天）；71% 的消费者希望自己有能力解决大多数产品问题，高于 2015 年的 64%。[25]

没有使用过聊天机器人的消费者一致对该体验持批评态度。然而，一旦用户与聊天机器人互动过，他们对客户体验的评价就会高于预期。

怎么做出选择

基本问题

通过自动化技术，你需要仔细而准确地考虑公司的目标，以扩充公司规模。最简单的方法是绘制客户旅程图，详细说明你希望技术和自动化在每个阶段中扮演什么角色，以及这个角色如何与你的商业目标相关联。

考虑你需要哪些工具

下面的榜单列出了目前市场上最流行的自动化营销功能。这意味着即使你的竞争对手现在还没有使用这些工具，他们很快也会开始使用。

这份榜单是由美国市场自动化领域的世界级企业 Demand Gen 制作的。该企业通过询问 B2B 营销人员“他们最希望在 2015 年测试或推出哪种（综合）营销工具”制作了这份榜单。

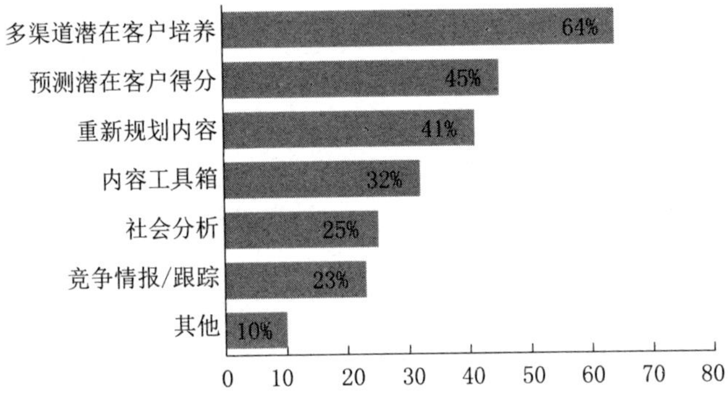

图5.4 2015年需要测试或推出哪些自动化营销工具？

来源：2015 年需求信息报告基准研究

寻找潜在的供应商

根据潜在供应商提供的规格，在线逐个检查你需要的工具。根据你的发现，你将逐步完善自己的选择标准，因为你可能完善新信息和新应用程序。

在此阶段，价格也是需要考虑的另一个重要因素，同样需要考虑的还有将提议的解决方案添加到现有系统体系结构，以及它与当前数据源链接的可行性。

选择并进行详尽的测试

市场自动化营销技术的大多数供应商允许他们的应用程序在实践中测试一段时间，通常是 30 天。这些测试驱动器非常有用。但是请记住，这类测试项目也会花费你公司的时间和金钱，所以请确保它有明确的定义并认真对待测试。你不需要毕恭毕敬地向你的客户解释某个特定的操作不再可用，因为你已经更改了你的软件供应商。

还请记住，30天的时间并不足以完全测试和评估像市场自动化营销这样复杂的系统的价值。因此，你应该通过测试验证你的决定，而不是依据它做出决定。

在CPI中，我们工作的时候使用许多不同的自动化营销软件包，这些软件包是我们为客户使用的。我们有一个基础版本（便宜且功能有限）、一个中档版本（对大多数公司来说足够强大）和两个顶级版本。后者可以做任何事情，一个用于内容营销，另一个用于电子商务。

我们使用这些软件包来建立为期3~6个月的试点项目，针对特定的目标群体开展全面的活动（邮件、社交、再营销、潜在客户得分、与销售和客户服务的整合等）。这段较长的时间使我们可以看到什么是重要的，什么是无关紧要的；哪些可行，哪些还需要进一步调整。所有这些都不需要客户在他们自己的营销技术上多花一分钱。

如果试验成功，客户就可以继续租用我们的系统，或者我们将帮助他们找到更适合他们具体情况的系统。

如果你想自己搜索市场自动化营销系统，则下面列出的过程是一个很好而且很简单的测试，可以检查你需要的功能。它将使你很好地了解系统能在多大程度上满足你的期望。你可以在公司内部设置测试，将你自己的团队成员作为用户。或者，你也可以在一个小型试点项目中寻求忠诚客户的帮助，该项目将说服你相信（如果进展顺利的话）这种技术的优点。

执行以下步骤评估每个系统：

· 在网站上安装跟踪代码；

· 创建一个新的电子邮件账户（包括图形和按钮）；

· 导入联系人数据集；

· 新建登录页面（包括图形和动作调用）；

· 向公司内部的测试团队发送一个简单的邮件营销活动；

· 通过电子邮件、重新定位和短信为测试对象安排点滴活动；

· 分析交互报告，检查标准参数是否为你提供了有用信息；

· 准确评估系统中存储了哪些信息，向系统添加新信息的容易程度，以及如何将这些信息传输到 CRM 系统；

· 评估系统在主动性、信息获取和更好的客户服务方面为客户带来的好处。

关闭交易

最后一个重要的项目当然是合同的条件。更具体地说，是价格和支付方式。有许多不同类型的合同。你的合同有多灵活？它可以很容易地修改或终止吗？如果用户数量显著增加怎么办？你还要检查一下，以确保在基本合同之外没有额外的隐性成本。

一些供应商会根据活跃联系人的数量来收取费用。如果你的数据库包含 50 万个姓名和地址，那么你要比只包含 5000 个姓名和地址的数据库用户支付更多费用。但对于有些套餐，联系人数量和月租之间并没有关系，你就能预先知道你每月需要支付的费用。有时，费用也取决于系统所运行的工作站的数量。

营销技术在公司中的地位

如今，每个名副其实的营销部门都配有精通营销技术的员工。你可以在部门内任命 CMTO（Chief Marketiing Technology Offices，首席营销技术官），或者将技术任务外包出去。但是这种营销技术将在营销部门中占据什么位置呢？

首席营销技术专家斯科特 · 布林克认为，战略和创意仍然比营销技术重要[26]。技术本身无法提供战略、领导力和创造力这些对公司的成功至关重要的因素。当然，技术可以激发一些优秀想法，并将这些想法付诸实践。良好的营销技术将激发战略家和创新者的无限潜力。然而，仅靠技术永远无法弥补公司层面缺乏创新或缺乏明确指导的遗憾。

但是，只要技术符合公司的战略方式和创造性思维，公司就必须优先考虑技术，它要先于其他运营因素、战术因素。营销技术的主要作用在于其高效自动化，优化和加速营销流程的能力，这可以节约人力物力，以便用于其他地方，他们可以为公司的整体目标做出更明显的贡献。

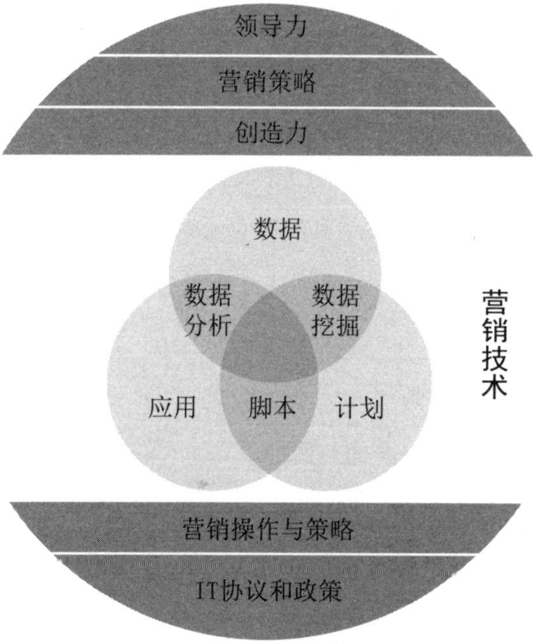

图5.5 营销技术在组织中的最佳位置

来源：斯科特 · 布林克，chiefmartec.com

营销技术的附加值

以下是营销技术为公司增加价值的 20 种方式。

1. 自动化营销将识别你网站的访问者，追踪他们的行为。然后，你可以使用自动标准确定每个客户的重要性。

2. 你可以查看访问者在子页面上的行为活动，并找出他们感兴趣的因素。分析浏览和单击行为，能评估客户对哪些产品和元素最感兴趣，即使他们只浏览了主页面。

3. 营销技术重视每位访问者的利益，这将为你的销售团队提供高明的见解，允许他们基于特定公司的特定利益提出方案。

4. 你可以在从未见过客户的情况下，对他们有一个深入的了解。公司里的每名员工都可以查看客户的个人资料，而无须离开工作岗位。

5. 你可以编写有针对性的（每周）新闻简报。基于你的联系人所显示的兴趣，带有消息和提议的内容会自动匹配客户，并基于预先设定好的协议，自动发送给客户。

6. 该系统不仅会根据联系人的浏览记录，向你推荐最适合发送服务的日期，而且会推荐最合适的时间，并让服务提供功能完全自动化。

7. 发送给（潜在）客户的电子邮件会自动受到监控。每个卖家都会知道（潜在）客户打开邮件或点开协议的时间，他们再次查看网站的时间，以及他们查看了哪些产品和服务。

8. 当联系人访问了你的网站后，你可以在最有可能吸引他们注意力的时间内，自动发送量身定制的后续邮件。信息的内容会自动调整，以反映他们在网站上表现出的兴趣。

9. 网站的动态内容可以自动调整，以迎合每位访问者。另外，网站也可以为潜在客户和现有客户选择不同的欢迎界面。

10. 对潜在客户转换概率进行分数评定，以便销售人员将注意力集中在最有前途的潜在客户上。

11. 系统会根据潜在客户的在线行为和过去的交易细节，自动把他们划分为不同类别。

12. 该系统自动生成销售漏斗和市场营销活动，在不同阶段引导客户进行有效的购买行为。

13. 访问者看到的登录页面是动态生成的。每个访问者都可以根据他们的访问次数统计、联系方式、登录行为和交易细节，获得不同的定制内容。

14. 通过不断更新的动态联系人表单，自动生成每位访客的资料。

15. 通过你网站上的广告和社交媒体，重新定位技术能让你接触到网站的匿名访问者。

16. 你可以在整个销售周期中不断地查看客户的行为。当客户的购买行为停滞不前时，销售部门会自动发出警报，并自动发送邮件鼓励客户进一步的行为。

17. 系统可以自动联系、评估潜在客户。例如，使用选择的按钮发送潜在客户信息、分发到本地销售办公室、产品类型、客户的来源，等等。

18. 你可以自动发送周期性的邮件，例如，当一种新产品上市时，访问者在你的网站上看到了该产品的促销信息，这有利于产品的销售。

19. 如果有的联系人已经有段时间没访问你的网站了，更新邮件就可以自动给他们发送消息。

20. 当客户需要进行实时联系以及在线提问时，销售部门或呼叫中心会自动发出警报。

第六章

应用新技术：利用AR和VR增强客户体验

增强现实和虚拟现实在销售和营销中变得越来越重要。IOS 11 的引入使得AR（增强现实）和VR（虚拟现实）功能能够应用于所有苹果手机。

新技术的出现

随着网上销售的爆炸式增长，消费者越来越熟悉省钱省时的网购体验，在这个追求方便的新世界中，零售商需要重新考虑自己所扮演的角色和增值服务。对传统零售商来说，将店内零售与在线体验结合起来并不简单，因为每一个在线业务都需要自己的业务模式和成本模式。

一切都是为了客户体验。像混合现实这样的新可视化技术使得零售商将实体、在线和移动销售联系起来。混合现实可以将网上购物的便利与增强现实体验的刺激结合起来，[1] 使得零售客户体验与如今的互联消费者更加利益关联。

不同形式的现实[2, 3, 4]

虚拟现实（Virtual Reality，VR）是一种人工环境，由软件创建，并以一种用户转换信念，接受它为真实环境的方式呈现给用户。在计算机上，这种在虚拟或想象环境中的物理存在，主要通过五种感官中的视觉和听觉来体验。

增强现实（Augmerted Reality，AR）是通过计算机系统生成的信息（如声音、视频、图形或 GPS 数据）增强（或补充）用户对现实世界实时直接或间接感知的技术。维基百科[5]（Wikipedia）在 2017 年给出了 AR 的定义，它与计算机介导的现实（computer-mediated reality）这一理论有关，在这个理论中，用户对现实的感官被改变，甚至可能被削弱，而不是被计算机增强。

减弱现实通过从人们的视野中移除不需要的物体，减少了物理世界的一部分，与 AR 性质截然相反。

中介现实通过耳机或智能手机等设备实时添加或删除信息，改变了我们对现实的感知。除了增强现实技术，中介现实提供了信息更为丰富的视觉体验。

通过网络和移动渠道，在实体店和交付过程中令客户满意成为营销人员的首要挑战。

混合现实（mixed reality）结合了 AR 和 VR 的最佳元素。VR 在各个方面构建数字世界的同时，AR 用计算机生成的数据覆盖现实世界，以丰富物理空间。它通过叠加其他图像、声音和反馈，使用“标记”来确定数字元素的显示位置，从而改进了现实世界的视角。

将 AR 技术与媒体现实相结合，可以让你识别现实世界中的对象，并将信息附加到这些对象上，比如技术数据、旅游信息，甚至可能包括气味信息。美妙的是，混合现实是实时生成的。如果你仍然觉得这很新奇，想想《精灵宝可梦》（*Pokémon*）中使用的虚拟现实产生的狂热吧。

目前，虚拟现实已经对网上购物产生了影响。各大公司已经开始实施虚拟展示厅，参观者可以戴着 3D（三维）眼镜参观。美国家居装饰连锁店劳氏（Lowe’s）就是一个将虚拟现实应用于零售周边环境的例子：劳氏 Holoroom 在线工具能让客户自己设计他们的浴室或厨房，然后戴上 3D 头戴式耳机，360 度探索它。客户甚至可以在 YouTube 上发布他们的虚拟参观视频。[6]

> 虚拟现实让在线购物者能够装饰空荡荡的虚拟房间，以获得对产品的感觉。

然而，AR 在零售业有更大的潜能，让在线购物者在挑选和购买过程中，无须事先承诺，就可以在家里试用并比较不同的产品。目前，在这个领域，增强现实比虚拟现实更有影响力，但这两种现实结合起来就能完美实现客户的两个目的：在虚拟房间购物，然后看到你喜欢的产品在你自己家里是什么样子，然后再决定是否购买。

> 得益于 iPad 将增强现实囊括其中，或者 Microsoft Hololens 在办公室和车间中的普及，AR 逐渐融入我们的日常生活，我们可以开始生活在一个多层次的现实中，为体验交付、改善沟通和知识转移开辟了巨大的可能性。

虚拟现实和增强现实结合在一起的技术将变得无处不在。每一个配备有屏幕和摄像头的设备都可能成为 AR 窗口。在汽车领域，顶级的挡风玻璃已经能够显示至关重要的驾驶信息，提高了行驶的安全性。你甚至可以用手机看换一种发型是什么效果，然后再预约理发师，你还可以看到一只熊在你的手掌上跳舞。杂志上的一个简单广告变成了一个内部展示和产品模拟器。打印在纸上的文章变成了一个视频屏幕。把你的照相机对准一家旅馆，你就可以知道有没有空房，甚至可以看看房间里面什么样子，然后再预定。[7]

消费者使用增强现实的兴趣随着时间的推移只会越来越强烈。根据 ThinkMobiles 的数据，2012 年有 1.18 亿 AR 应用被下载。ThinkMobiles 预测，到 2017 年 8 月，这个数字将上升到 35 亿。[8] 各地都将涌现出新的初创企业，科技巨头将投入巨资开发或收购最有前景的企业。

展示屏幕截图很容易，但最好是你自己亲身体验一下。你可以在网上找到一些令人印象深刻的增强现实实例，比如2014年在伦敦新牛津街（New Oxford Street）推出的百事公交车站（Pepsi Max bus shelter）；或者*Vespa*杂志，在这本杂志上，滑板车爱好者从手机屏幕里“走”了出来。在市场营销中，AR技术带来了许多新的可能性，其中大多数尚未被发现。超现实的视频展示了一个充满可能性的愿景，一个充斥着各种媒体的城市。

> 混合现实可能会将网上购物的便利与增强真实生活体验的刺激结合起来。

AR技术在零售业并不新鲜。例如，早在2010年，乐高就通过引入AR店内售货机，给孩子们提供了一次激动人心的AR体验。孩子们只需要把乐高盒子举到售货亭的屏幕前，成品的样子就会展现在盒子顶上。[9]

2012年，日本零售商优衣库（Uniqlo）推出了AR试衣间，让客户选择他们想试穿的衣服，并且可以换各种颜色。[10]

2014年，特易购与迪士尼合作，推出了新的电影《冰雪奇缘》周边商品。孩子们可以拿起一个贴纸文件夹，通过他们的平板电脑或智能手机让这些贴纸“活”起来，每个贴纸都是该电影里的一个角色。使用应用程序（Tesco Discover AR），孩子们可以选择一个角色合照。[11]

想看一下你的新沙发在客厅里什么样吗？早在2013年，宜家就推出了第一款以AR技术为特色的目录应用程序，让客户在购买之前就能看到商品摆在自己家里什么样。通过扫描目录，各种各样的产品出现了。选择一个，你就可以看到产品大小是否适合你家里的空间。你创建一张图片，保存它，把它添加到你的购物清单，并把它带到宜家商店。

AR技术让每个静态产品目录都能以产品真实大小进行展示，并以现实生活环境中的任意角度展示。这种“增强商务”（augmented commerce）是电子商务的下一发展方向。增强商务是指在网上购买和销售商品时，先使用 AR 技术看到产品在现实世界里什么样子，然后再进行购买。[12]

> 电子商务的下一个发展方向是增强商务。

最近，荷兰在线零售商 Bol.com 也推出了一款 AR 应用程序[13]，可帮助客户预览家具摆放位置，并评估这是否符合他们的品位。这款应用展示了大约 120 件家具，包括沙发、桌子、椅子和橱柜，有 2D（二维）版也有 3D 版。想要看到 3D 效果，客户必须把 iPhone 放在 VR 眼镜里。这个应用程序似乎为在线购物中的更多 AR 实验铺平了道路。

香港珠宝连锁店周生生（Chow Sang Sang）成功运用 VR 技术提高了销售业绩和运营效率。周生生使用“魔镜”系统，以年轻客户为目标。客户可以浏览商品目录，选择一件珠宝，在魔镜前试戴，观察自己实际佩戴这件珠宝的效果。客户可以拍照或拍摄视频，并将美化的图片上传到社交媒体上。随后，店员可借助一个附带的二维码在商店的库存中找到这件珠宝。周生生负责人表示，“魔镜”系统对客户参与度产生了很大影响，70% 的客户会用“魔镜”试戴珠宝。[14]

博柏利美容箱（The Burberry Beauty Box）[15]是时尚品牌博柏利在零售领域的新尝试，位于伦敦的考文特花园。在博柏利美容店做美甲的客户，可以先在指甲上尝试不同颜色。客户只需选择他们的肤色，然后将不同的抛光剂放在支持射频识别（Radion Frequency Identification，RFID）的平台上，这个平台叫作数字跑道钉杆（Digital Runway Nail Bar）。

然后，显示器会显示美甲颜色在客户手指上的效果。客户还可以通过数字化增强的内部体验，尝试博柏利品牌的不同化妆品、配饰和香水产品之间的联系和混搭。

> AR 可以让商店橱窗和大屏幕显示栩栩如生，提供了与客户互动

的新方式。

使用 AR 的零售部门

- 家具：60%；
- 服装：55%
- 食品和饮料：39%
- 鞋类：35%
- 化妆品：25%
- 珠宝：25%
- 玩具：22%

来源：Thinkmobiles.com，2017[16]

AR 可以让商店橱窗和大屏幕显示栩栩如生，提供了与客户互动的新方式。客户戴上耳机便可浏览商店货架上的商品，挑选并试用商品。

虽然头盔耳机体积太大（10 年前我也会这么评价手机），但耳机仍然能提供身临其境的综合商店体验。[17]AR 将客户体验从实体店扩展到增强的移动屏幕，能让客户试用所有创新的现实生活产品和在线产品。

然而，最重要的是 AR 只是一个小工具。当你想将客户带到商店时，增强体验确实需要改善与商店环境相关的客户体验。在线零售商会利用这一点。既然你可以在家里的大屏幕上做同样的事情，那么为什么还要把你有 AR 应用的手机带到商店里，试穿一件虚拟牛仔裤呢？

例如，中国最大的在线食品商店 1 号店（Yihaodian）与奥美广告（Ogilvy & Mather Advertising）合作，他们一夜之间在停车场、公园和标志性建筑前开设了 1000 家虚拟商店，[18] 其中甚至有 18 家店开在了长城上。[19]

如今，实体商店已经很少了，大多数都是虚拟商店，对没有登录 1 号店虚拟商店应用程序的人来说，这种商店完全是形同虚设的。你只能在手机上进入虚拟店铺，浏览货架上的商品，然后点击你想要的商品，购买它们，然后快递员就会把它们运送到你家。[20]

谨记，当客户在网上购物时，在许多情况下，线下购物——参观商店和贸易展览，体验广告和促销活动——在整个客户购物过程中与线上购物同等重要。只有商店和零售体验店发展良好，公司的在线商店才能吸引到线上客户。而且大版式印刷、全息图、3D 打印和互动显示使得公司能够为客户提供有创意的解决方案，使逛商店成为一种纯粹的乐趣。

因此，最近一位零售顾问建议向逛购物中心的客户收取入场费，理由是购物中心不再只是一个购物场所，而是一个体验中心，类似于迪士尼式的景点。

比利时建筑公司威利门大厦（Willemen Building）在其“走进你的未来”活动中采用了虚拟现实技术。戴上眼镜，你就可以沉浸在一个虚拟的世界中，在几分钟内参观三个主要项目。在你的虚拟探索中，项目负责人会向你解释你所看到的景象。这一刻，你仿佛走在布鲁塞尔 170 米高的天文塔顶；接下来你会发现自己在布鲁日附近的高速公路桥下。2016 年，该活动获得比利时人力资源先锋奖。

腾卡特户外面料商（TenCate Outdoor Fabrics）生产安全、可持续和舒适的高科技面料，它们防水、阻燃且能抵御恶劣气候。通过其虚拟现实应用程序，他们为客户提供了身临其境的体验。该应用程序带你参观腾卡特的未来工厂，你可以了解数字打印机如何在布料上设计不同的图案，了解衣服保养技巧和供应商联系方式。

ICI Paris XL 是比利时领先的化妆品零售商。该零售品牌隶属于全球领先的零售集团 AS Watson，拥有逾 1.2 万家门店。ICI Paris XL 成立于 20 世纪 60 年代末，目前它面临的挑战是，要从一个由店员推动的以客户关怀为基础的模式，转向独立的、以客户为导向的购物模式。

在传统的购物模式中，从你走进商店的那一刻起，直到结账和付款，商店的售货员会全程帮助你。AS Watson 的营销和客户体验总监约斯特·范·伯盖克（Joost van Bergeyck）决定改变这种方法，并尝试一种以客户为中心的模式。

在这种新模式中，客户可以同时在线上和线下了解化妆品品牌，并以一种有趣的方式发现新产品。建立新模式需要创建一个集成的 CRM 和内容管理工具，并重新设计商店。该模型与供应商提供的数据共同制作促销活动，并提供独特的客户体验。

公司逐渐实现了这种模式，通过与客户进行数据驱动的一对一通信，开设试点商店并推出测试。店员变成了专业顾问，能够花更多的时间帮助客户，而不是作为销售人员实时追踪客户。

在 CPI，我们相信互动销售的力量。我们最依赖合作伙伴零售商的全息显示器，它使用的棱镜玻璃显示屏可以通过全息图像进行增强。这些图像是通过按下按钮或运动感应来激活的。在这项技术最先进的版本中，全息图像可以连接到智能手机上，来控制图像。

DISRUPTIVE SELLING

销售赋能

第四部分

积极行动，完善落实新方案

第七章

技术奇点：展望未来客户关系

未来会是什么样？奇点已经在销售、营销和客户服务领域表现得极为突出。

21世纪的销售

雷蒙德·库兹韦尔（Raymond Kurzweil）是一位真正的计算机天才，也是人工智能领域的先驱。他是光学字符识别（OCR，optical character recognition）的主要发明者，开发了第一台平板扫描仪和第一台文本转语音合成器。这些发明的结合催生了第一台文本转语音的盲人阅读机器。

在他把自己的第一家公司——库兹韦尔计算机产品公司（Kurzweil Computer Products）——卖给施乐公司（Xerox）之后，库兹韦尔着手开发第一台音乐合成器，这种合成器能够以一种现实的方式模仿所有的声学乐器。他还提出，总有一天人们会和电脑说话，他们的声音会被识别。后来，他把自己的语音合成技术卖给了 Lernaut & Hauspie 公司。[1]

技术奇点

库兹韦尔现年 67 岁，仍然在谷歌担任工程总监。他每天要服用 150

多粒维生素片和各种各样的营养保健品。他想活得越久越好，直到科技让人类实现永生。他相信，总有一天这将成为现实。

图7.1 “奇点临近”：雷蒙德·库兹韦尔

来源：Poptech 的 JD Lasica 于 2006 年 10 月 13 日发布在 Flickr 上，复制自 Creative Commons 2.0

2001 年，库兹韦尔写了一篇题为《加速回报定律》（*The Law of Accelerating Returns*）的文章。[2] 在这篇文章中，他预测戈登·摩尔定律将很快得到广泛应用。摩尔是英特尔的创建者之一，他在 1965 年预测，一块电子芯片上的晶体管数量将以每年翻一番的速度增长。1975 年，他将其改为每两年翻一番。

实际上，确切的年份并不重要，重要的是计算能力正以指数级的速度快速增长。库兹韦尔说，这一进程已经进行了几十年，今后只会更快。同样重要的是，越来越快的计算机运算能力催生了其他领域的突破性技术。换句话说，在 21 世纪，我们不会经历 100 年的变革，而是 2 万年的变革！

库兹韦尔相信，在 10 年内，机器的智能将超过人类的智能，因此人们将他称为“技术奇点”（technological singularity）概念的创始人之一。[3] 计算机的人工智能将很快比人类智能强大许多倍。因此，他们将自己决定其接下来的发展方向。

有些人很认同这种说法，而有些人则认为这纯粹是幻想。尽管如此，库兹韦尔多年来一直在对科技进行预测，而且其中大部分预测都实现了。[4]例如，在《智能机器的时代》（*The Age of Intelligent Machines*）中[5]，他预测，在智能机器的时代，互联网将改变世界，使人们可以无线接入一个由图书馆、数据和信息组成的全球网络。他预测计算机将在课堂上占据主导地位，可以智能地根据学生的知识水平调整教材。他还认为，有一天个性化的产品将成为业内标准，以满足具体客户的具体需求。

1999年，在《精神机器时代》中[6]，他写道，到2009年，大多数书籍将通过屏幕而不是纸张来阅读，无人驾驶汽车将得到普及，电脑将变得非常小巧，可以装在戒指或信用卡里，人们会佩戴或携带便携式电脑来监测他们的健康状况，或给他们带路，智能眼镜将能够接收和传输从周围环境中收集到的许多不同类型的信息。[7]这样的例子不胜枚举。

库兹韦尔认为，真正颠覆式的变化将发生在2040年后。[8]到那时，非生物智能将比人类聪明数十亿倍。到2045年，价值1000美元的电脑将比全世界人类加起来还要智能。当这种情况发生时，机器将取代技术创新，因为机器思维活跃、行动敏捷、沟通迅速，普通人将无法跟上世界发展的步伐。

库兹韦尔表示，我们不需要害怕这种智能，因为到那时我们能通过安装在人体内的软件控制编程。换句话说，人类会变得越来越像机器，就像《星际迷航》中的博格人一样。

哈尔（HAL）讯息

1968年，斯坦利·库布里克的经典电影《2001太空漫游》改编自阿瑟·克拉克的小说，电脑哈尔（HAL）是这部电影的主角。“HAL”的每一个字母都出现在“IBM”的前一位，代表启发式编程算法计算机（Heuristically programmed ALgorithmic computer），也就是人工智能。

这台电脑拥有一双红色全视角眼睛，控制着飞往木星的“发现号”宇宙飞船上的所有系统。突然，哈尔发现 AE-35 导向装置出现了故障。他没有告诉宇航员大卫·鲍曼（David Bowman）、弗兰克·普尔（Frank Poole）这个装置出故障了，而是警告他们，这个装置将要出现问题：“我刚刚发现 AE-35 装置出现了故障。72 小时内它将彻底崩溃。”后来，哈尔发现自己弄错了，然后变得偏执，剧情开始发生转折[9]。

早在 1968 年，哈尔的“机械预见”只会出现在科幻小说里，如今它已成为现实。如果你的家用电脑软件更新需要很长时间，屏幕上就会有提示信息，告诉你这些软件的更新至关重要。我个人电脑的软件是自动更新的，一旦你同意总请求，其余的就无须多管。如今，我们生活在一个需要习惯遵从机器指令的世界里。

如今，我们生活在一个需要习惯遵从机器指令的世界里。

物联网

目前距离 2045 年还有很长一段时间。尽管如此，我们都已在日常生活中体验了自动化和计算机化所带来的快速发展。我们很快就忘记了互联网、智能手机、谷歌和脸书出现之前的生活是什么样子的。不久后，无人机将全面承包送货到门业务。智能算法也将接管目前人类所做的其他工作。如今，在网上订书或预订酒店并不需要任何人际互动。你的订单或预订订单（以及个人资料）将由亚马逊、Bol.com、Booking.com 在客户管理系统中自动处理。

而且还远不止于此，例如智能汽车、智能设备、智能电视、智能烤面包机、智能服装、智能冰箱、智能牙刷、智能相机、智能电表、智能调温器、智能容器、智能值机柜台、智能标签、智能涂料等不同种类的智能机器，每个智能应用都可在线交换信息，并通过新款智能应用相互连接。目前，它们已经存在了。互联网不再是人类的专属领域。

高德纳研究所（Gartner Research institute）的数据显示，目前全球约有 49 亿部智能设备在收集、传输用户数据。[10] 据估计，到 2020 年，至少有 130 亿部设备将配有远程信息技术和地理定位技术，它们将在网络空间收集用户数据。它们彼此之间以及世界各地不同的数据系统将共享这些的信息。再加上企业和政府的活动设备，实际上这些设备数量将接近 250 亿部了。[11]

人们越来越依赖互联网处理事情。不久以后，你家里或办公室里的每一件设备都将连接到网络上。如果你的厨房机器人不尽人意，你很少使用它，把它搁置在橱柜里，但是突然有一天，它甚至可能会在 eBay（易趣）上为自己投放广告！一旦它拥有了一个新的、更喜欢烹饪的主人，它就会被无人机带走。

> 甚至有可能，你的厨房机器人有一天会在 eBay 上为自己投放广告。

物联网可以分为三个独立的部分，每个部分都相互关联：记录和传输数据的智能设备；供应商的数据库；以及分析软件机器人，它们对数据进行评估，并自动生成回馈，这些回馈将重新传输给智能设备和它们的用户。这样，在设备的用户、设备本身和设备的供应商之间创建了一个连续的反馈循环。

在全球前 800 名商界领袖中，96% 的人打算在不久以后实施基于物联网的新解决方案，68% 的人声称已经有了这样的解决方案。而目前世界上 99% 的设备仍然没有联网。[12]

过去，供应商只知道客户购买了设备。对于客户是否拆货，是否对产品满意，供应商一无所知。在不久的将来，供应商将能够判断该设备目前的使用状态（正在使用或关闭）、使用时长、使用频率、使用期限及使用故障等。设备会自动告诉你这些事情（你不需要问），甚至会让你知道什么时候需要维护。

存储空间也是如此。智能搜索器会在库存不足、需要补充的时候提醒你。该信号将根据生产计划进行检查，并自动转换为合适的订单，该订单将被自动处理并准备交付。再次购买无须人工干预，按一下按钮即可。

关于产品使用和状态的信息流能够进一步优化客户体验。如果你有工具来分析这些数据，就可以随时随地查看客户的行为，以及产品的使用状态（何时、何地和如何使用），能够及时采取适当的回应行动。

当然，这也是巨大的商业潜力。例如，当你发现一个用户的数据与其他用户的数据存在显著差异，你就有机会去调查导致差异的原因。一旦你找到了它，就可以联系数据异常的用户，提供可行的建议。还可以与其他供应商交换数据，从而提高总体服务水平，使客户和整个行业受益。

同样，两台机器的数据可以结合在一起，例如，把来自冷却生产单元的数据与来自 airco 系统的数据结合在一起，以改进它们的共享冷却技术。如果你想对信息有深入的了解，以便提供更准确的服务，便可将你的设备数据与其他来源的信息（如社交媒体）结合起来，这样你会更容易、更准确地预测和回应客户的需求。假设客户刚刚下了一个重要的新订单，处理该订单的机器将告诉你，它目前正在以最大的容量工作。然后，你可以将此信息传递给客户，并附带一些有趣的商业建议，这些建议可能对你和客户都有好处。

自动化到自动化

物联网将对未来销售流程的组织方式产生巨大影响。如果你的产品或服务提供了其承诺的价值，客户就会对你的产品或服务感到满意。

然而，渐渐地，只有公司在客户旅程的整个过程中（而不仅仅是在结束时）持续提供价值，客户才会感到满意。

在过去，没有工具可以不断地衡量客户满意度。零星的个人会议、电话和偶尔的市场调查都不足以让公司有效地了解客户“无声的”需求，就像盲人摸象一样。即使在CRM中处理了相关信息，这些信息也一直都是不完整的，没有及时更新。

因此，过去许多营销和商业行为更多的是基于直觉。员工会感觉到“需要做些什么”，但没有人真正知道具体该做什么。这种方法在很大程度上是靠运气。有时候，公司能组织起成功的活动，能在正确的时间接触到正确的客户。但通常情况下，结果都是令人失望的。

在这本书中，我们反复强调客户现在已经在销售过程中处于领先地位。这同样适用于客户旅程。自从“人类互联网”出现以来，客户旅程已经开始沿着一个全新的轨迹发展。如果公司希望在这个新的复杂环境中优化客户体验，它们就不能再依靠直觉了。你需要知道你具体在做什么、什么时候做、为谁做、如何做以及你以后是否会做得更好。

自动化营销技术使你能够跟踪你客户的在线行为。因此，你可以快速而有效地做出回应，给出为每个客户量身定制的提案：他们点击了什么链接、浏览了什么网页、他们对电子邮件和在线活动做出了什么反应、他们在网上提出了什么问题，以及他们访问网页的频率，等等。

自动化营销使得公司能够自动将这些数据转换为客户档案并实时更新。这使公司能够满足每个客户在整个客户旅程的每一个具体愿望，无论他们的客户旅程持续多久。

> 产品本身将产生大量的数据，这些数据将进一步帮助优化客户体验。

物联网为这种情况增加了一个全新的维度。在智能设备的世界里，留下活动痕迹的不再只是人，产品本身也会持续产生大量数据。这些数据可以用来帮助进一步优化客户体验。因此你需要知道你想怎样做来让客户更满意，但要想搞清楚这一点是很难的。这些设备产生的数据是非常庞大的。你需要知道哪些信号需要响应，哪些信号需要忽略。此外，你永远不能将设备传输的数据与它所属的客户关系分离。因此，在解释数据时，你需要同时考虑客户的购买历史和过去的行为。只有将物联网的数据与客户已知的在线行为和个人资料结合起来，设备数据才具备额外的商业价值。

物联网技术、自动化营销和 CRM 的结合为你提供了一个提高客户体验的黄金机会。它使你能够同时监视在线客户行为和在线产品行为。然后，结果数据可以被集成，从而让你更好地了解客户——这种了解可以为客户带来更多的价值，并为你带来更多的销售。它为你提供了组织反馈循环的选项，不仅对客户，而且对智能设备。通过这种方式，设备也成为你的营销信息的媒介。

因此，销售、市场营销和客户服务的目标不仅是让客户满意，而且是让机器满意。智能设备会不断地通知你它的状态，让你不断做出调整来使它满意（即处于完美的运行状态），这也会让客户满意。更重要的是，你必须把握好这个机会，因为客户知道机器现在会把所有信息反馈给制造商，因此他们会指望制造商采取措施避免问题出现。

例如，这意味着客户期待供应商告诉他们，何时需要维护机器或补充库存。更重要的是，他们将希望供应商能够及时、迅速地提供这些消息，甚至不需要客户花费任何力气。供应商的运营部门需要及时、充分地考虑这些预期。

因此，我们可以修正一下前文中的说法：销售、市场营销和客户服务不再致力于吸引新客户，而是让客户在整个客户旅程中保持满意，让产品在使用周期内保持活跃。

这进一步意味着，虽然过去优化客户关系主要是人与人之间的互动，但在未来，它将日益成为自动化与人之间的互动，且随着物联网的不断扩展，将会成为自动化与自动化的互动。人与人之间的互动几乎将完全消失，下一明显进步是人工智能的使用。借助 Amelia 系统，IPsoft 公司制造了一个机器人，它可以用不同的语言与多位客户同时对话。根据特定词语的使用语境和客户提出的问题，Amelia 还可以判断打电话的客户是否有压力。如果检测到压力，通话就会转给人工接线员。通话结束后，Amelia 会对谈话内容和提出的解决方案进行汇报总结，这样便可充分了解情况，以方便下一次接触。这样一来，它就能了解客户需求，以及他们对这种需求的感受。

Amelia 及类似系统的广泛使用并不像你想的那么难实现。我写这本书的时候，荷兰和比利时的不同公司正在与 IPsoft 公司联系，以探索这种应用程序的使用。在探索阶段，Amelia 可与人类员工结合使用，以发挥最大潜力。

想象一下，你有一个同事已经掌握了所有的服务手册里的内容。手册里有每一个常见问题的答案，可以同时用不同的语言进行 4000 个平行对话，但是，她是“一个”机器人，偶尔需要借助人类员工的技能。你不想要这样一位同事吗？这会不会让你的工作更容易些？

图7.3 Amelia标志着从工厂机器人到办公室机器人的转变

来源：IPsoft 公司

人类与机器人的合作领域将受到越来越多的关注，2015 年 6 月出版的《哈佛商业评论》（*Harvard Business Review*）整版都在探讨这个问题，标题为《与你的新员工见面——如何管理人机协作》（*Meet your new employee-How to manage the man-machine collaboration*）。[13] 这篇综述探讨了，在商业环境中使用机器人可能带来的好处和问题。如果机器人给你下达指令，你会有什么感觉？如果那个机器人长得特别像人类，会让你感觉舒服一点吗？根据最近的一项调查，这是会有些帮助。对机器人产生情感依恋有风险吗？是有风险，至少是看起来有风险。

因此，一组人力资源专家已经着手编写一套行为准则，用于规范办公环境中人与智能机器人的互动。甚至还有一个特别工作组，来决定如何处理人类员工对其机器人同事的不当行为。

研究表明，若机器人使用不当，则会比人们想象中的更容易受损。这句话的深刻含义请读者自行想象。但苹果手机的 Siri 会明白我的意思。许多博客都在讨论数字辅助编程是否能用来处理相关问题。这就涉及人们对于机器人的深度研究。

不管怎样，不久后你就能使用机器人来回复邮件和开展营销活动。一旦客户使用机器人操作员来评估你的行为，决定是否接受你的建议，市场营销领域就要发生翻天覆地的变化。

别担心，我们会与你保持联系。看看我们的博客吧！

> 很快，机器人从事销售、市场营销和客户服务将成为一种常见的景象。机器人会通知员工他们的首要任务，这不是不可能的。

我们的机器人在聊天，他们相处得很好

比起面对面交谈，人们越来越喜欢文字交流，这促进了聊天机器人的发展，将对未来处理客户沟通的方式产生重大影响。精通多任务处理

的员工能够通过电子邮件、短信同时处理客户需求，同时与三到四位客户沟通。这提高了呼叫中心和联系中心的工作效率，使员工可以提升自己的能力。

接下来的发展方向是完全放弃人机交互，用一个能够更好更快地回答大多数问题的机器人来替代人工客服。特别是当越来越多的上下文理解和语义知识被添加到机器人的能力中时，就像目前市场上的许多客服机器人一样，它们能够更高效地完成任务。

聊天机器人和其他智能助手越来越受欢迎，特别是移动客户喜欢这种形式的互动，这使得它们越来越多地应用于移动设施。[14]

尽管如此，客户仍然想要一种“人性化的接触”（human touch）[15]，希望能与人工客服沟通。然而，通过记住之前的对话、在对话中使用你的名字或添加其他元素，智能机器人可以装作人工客服，从而具有了一定程度的真实性。

“聊天机器人解说”（The Chatbot Explainer）是一项相对国际化的调查，[16]由英国商业内幕网（Business Insider）开展，共有16人参与。调查显示，对于聊天机器人的整体印象，38%的受访者是认可的，只有11%的人表示有过负面体验。该调查访问了来自澳大利亚、法国、德国、日本、美国和英国的5000多名消费者。

各国消费者的看法大相径庭。法国消费者似乎最容易接受机器人，50%的消费者对与机器人对话持积极态度。与美国和日本相比，欧洲国家总体上似乎更容易接受机器人。尽管今天大多数消费者仍然更喜欢人工客服，但当年轻的员工进入劳动力市场并开始自主消费时，这一趋势将迅速转变。

尽管如此，全球仍有超过一半（56%）的消费者表示，他们更愿意与人工客服交谈，而不是求助于聊天机器人。因此，调查得出的结论是，企业应该注重实用性，而不是给聊天机器人添加个性。[17]

在 Aspect 的调查中，58% 的人表示，机器人最适合回答简单到中等难度的问题。绝大多数（86%）的受访者坚持要求商家保留转到人工服务的选项。[18] HubSpot 的另一项调查证实，当客户的问题比较复杂时，他们就不太愿意找机器人解决。[19] 当客户的问题很简单并且只需要很少的几步指导时，聊天机器人最好用，比如当客户想要更改他们的账单地址，或者需要公司的联系方式时。

对于技术性更强的多步骤问题，人们更喜欢人工服务。在这些情况下，另一项调查显示，人们对机器人的接受度下降至 26%。[20] HubSpot 的调查还显示，一家公司的网页上有一个机器人，可以对访问者的某些问题给出直接明确的答案，这些问题包括“你的定价是多少？”或者“你公司的电话号码是多少？”访问者对这种机器人服务比较满意。超过一半的受访者（57%）能够接受从公司网站上的机器人那里得到实时答案。[21]

一家荷兰银行在其客户门户网站上设置了一个聊天机器人后，立即获得了成功。没过多久，84% 的客户就开始使用聊天框来提问题。除此之外，你还可以分析这些问题并总结人们需要的信息，继而轻松地识别问题模式和常见问题。你甚至可以引入一个聊天机器人。更进一步，机器人可以分析问题，并把部分问题纳入答案中，使客户体验变得更有用、更愉快。再进一步，你最终可能会得到一个更智能的语音机器人，就像 IPSoft 的 Amelia；作为一个具有认知意识的代理，它会使用流畅自然的语言回答客户问题，并在回答中加入它掌握的该客户的个人信息。这样一来，人们几乎无法将它的答案和人工客服的答案区分开来。

自动化聊天机器人的兴起将重新定义客户服务行业，取代一些传统的人与人之间的对话。[22] 有了人工智能驱动的机器人，企业就有了一个可以全天候提供服务的销售人员，可以同时为多个客户提供服务。[23] 因此，聊天机器人将减少通话时间，提高效率。

从客户角度看，聊天机器人还将减少客户的等待时间。朱尼普研究公司（Juniper Research）[24]最近的一项研究表明，聊天机器人的兴起，可能会让医疗和银行业受益最大。该公司表示，预计每笔交易的成本将降低 50~70 美分。

与传统的呼叫中心相比，客户向聊天机器人咨询问题可以节省 4 分钟以上的时间。基于应用程序的机器人聊天很可能是最成功的，而 SMS（短消息）聊天机器人对于大规模消息传递更有用。[25]该研究表示，许多聊天机器人适合与医疗诊断有关的咨询，用户可以在预先设定好的几个答案里进行选择，让聊天机器人评估健康状况并推荐解决方案。

随着人工智能能力逐渐提高，机器人还将能够参与更加专业的医疗诊断，比如监测和分析心理健康状况。朱尼普研究公司还预测，到 2022 年，医疗行业机器人互动的成功率将从目前的 12% 升至 75% 以上。在银行业，这一成功率将在 2022 年达到 90% 以上。[26]

准备好你的销售机器人，让它为你的下一个商业行动达成最好的交易，与其他机器人竞争，很可能成为未来的商业模式。今天，在聊天平台上进行的机器人交流主要用来实现机器人与消费者之间的交流。这意味着机器人的主要交流对象是人。但在不久的将来，我们将进入机器人与机器人互相交流的时代。到那时，机器人将开始互相谈判和学习。

但在不久的将来，我们将进入机器人与机器人互相交流的时代。

一旦你开始思考机器人之间是如何交流的，你就会发现很多新的可能性，从而给客户服务和电子商务领域带来重大转变。你可以思考一下机器人会如何应对客户提出的复杂问题，它会去搜索智能数据库，但数据库却缺乏相关的必要信息。

此时，该机器人可借助网络寻求其他机器人的帮助，并挖掘自己的后端系统，借助所有可用的智能工具，来回复客户。

一旦你开始在“机器人对机器人”的交流框架中思考问题，你会发现很多新的可能性。

未来甚至还有可能，你无须以合适的价格购买某些产品，而是配备人工智能系统的私人机器人会根据物联网冰箱的实时数据及其加工分析，判断你需要以什么价格购买什么商品。

然后，它会主动在网上搜索，与其他机器人沟通、协商，以便找到并买下最实惠的产品；在谈判时，它甚至会考虑到你的个人偏好，如在上午 10 点 15 分收货最方便。这不是因为你把行程告诉了它，而是因为它会考虑你的压力水平和以前的类似行为，预测你有 55%的概率想在早晨跑跑步，而没有时间收货。

机器人间的交流的优点在于，它并不是用代码交流，而是用易于理解的语言交流。[27] 因此，你想与机器人交流也很容易。

你正在寻找能够满足自己需求的机器人吗？很简单，你只需在线搜索即可。首先，搜索引擎是面向桌面聊天应用平台的，而这种平台数量多达数百个。在必应（Bing.com），机器人搜索结果会显示在页面顶端的一个单独板块，该平台的用户还可以按类别搜索机器人。[28]

与此同时，在机器人商店 Kik 上，你可以购买聊天机器人。可供选择的机器人颇多，从“与朋友玩乐”“娱乐”型到“结识新朋友”“时尚和美丽”型，应有尽有。你可以和机器人查克·诺里斯（Chuck Norris）一直聊天，可以在 Sensay 上和机器人匿名聊天，在 H&M 上和机器人聊一聊有关服装的奇思妙想，在 Shine 上练习自我护理，也可以跟丝芙兰（Sephora）学习如何化妆，等等。

Crystalknows

今天，市场营销和沟通都涉及为客户量身定制服务。但是，个性化不仅关乎内容或服务本身，而且关乎联系和沟通时的语气，那么你要如何与陌生人（或几乎陌生）打交道呢？

2014 年，Crystal Project Inc. 公司在美国成立，其创办人是德鲁 · 阿戈斯蒂诺（Drew Agostino），此前，他曾与人共同创办了 Attend.com，这个网站致力于创新活动管理软件的解决方案。Attend.com 通过简化和自动化处理活动管理流程，协助活动组织者举行高质量活动。[29]

德鲁 · 阿戈斯蒂诺开发 Crystal 的目的是，解决两个人无法理解彼此的个性所造成的沟通问题，尤其是使用电子邮件沟通时。它的第一款产品 Crystalknows 是 Gmail（谷歌的免费邮件服务）中的一个人工智能工具，可以用收件人喜欢的语言风格来书写电子邮件内容；它会在你写邮件的时候，给你一些实时建议，如“使用有表现力的语言”“使用冗长的正式语言”或“使用清楚直接的语言”[30]；在邮件的问候语、正文构思、结尾署名方面，也会给你一些建议。

在面对面交谈中，我们会捕捉各种信号，再据此调整我们说话语调和说话方式，如语调、节奏、措辞和肢体语言。我们会有紧张、无聊、兴奋、警觉、满足等情绪，但网络对话却无法触发我们的这些情绪。Crystal 的目标是填补这一空白，通过一个人的网上行为来研究他的个性特征。

基于 Crystal 现有的数据库和你提供的公司和客户的额外信息，有几种算法可以帮助你和你的联系人建立一个个性化评分。该模型将你的分数与 Crystalknows 数据库中的 54 种性格类型进行匹配。在选择了一个性格类型之后，Crystal 会向你展示一个性格总结，以及如何与这位客户沟通的建议。[31] 基于 DISC 评测（一种性格分析工具），这些工具使用四种主要的人格类型来确定客户行为：支配型、影响型、稳健型和谨慎型。[32]

这听起来可能有点令人不安，但 Crystal 只分析了出现在博客、商务人际关系网、推特、Yelp 和亚马逊等网站上的公开信息的写作风格，只研究了公共语言模式，即我们自己发布内容背后的信息。然而，目前的现实是，研究客户性格不再是专家的工作，而是一个机器人的工作，它的工作是公开的。你不觉得这对销售来说很有趣吗？

Crystal 提供一个免费的、无限制的试用账户，但是你可以升级以获得高级功能，比如实时电子邮件建议和更正、关系预测、示例电子邮件模板和团队 / 组织分析。Crystal 还涉及了一些积极主动的功能，比如在开会前给你发送提示，帮助你准备好自己的语气。[33]

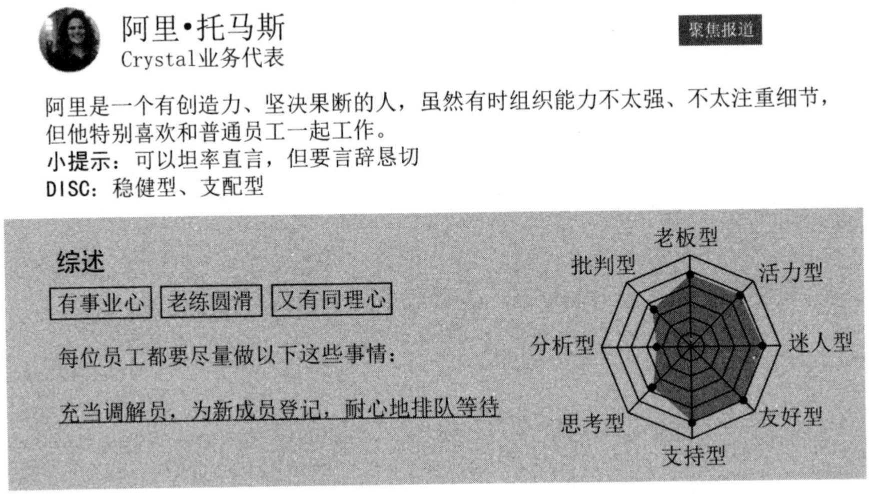

图 7.5 Crystalknows

来源：Crystal

第八章

实施计划：从想法到现实

如果你想进行颠覆式销售和重组整个商业组织，你要从零开始，制定一个行动计划。

输出

销售领域正在改变。而这种变化是由四个因素驱动的，这些因素相互影响，相互加强。

因素1：营销技术

自动化营销使我们能够更深入地了解潜在客户和客户的需求和愿望。在客户购买过程的每个阶段，这种技术的使用使公司能够在个性化的、量身定制的基础上与客户打交道。物联网将进一步增强营销技术的影响力。

因素2：消费者

如今，商业客户购买方式发生了变化。他们希望在购买过程中，商家能以企业间的商务模式来为他们服务。客户在销售过程中处于主导地位，希望随时都能体验到个性化的价值服务。这需要一个新的商业组织，在这个组织中，销售、营销和客户服务在一个集成的过程中协同工作，与产品管理和价值交付密切合作。新组织成功的秘诀在于：敏捷性、责任性和真实性。

因素3：员工

现代员工或现代团队成员希望通过终生学习来开发自己的潜能。越来越多的专业人士希望自主决定工作地点、时间和老板。现在，人们对工作的看法不同了，他们厌烦枯燥、重复的工作，期待有意义和能带来满足感的工作。

这就要求公司要对责任概念有不同的阐释，同时要加强透明制。每个员工都必须既具敏捷性又对工作负责。管理者必须提供便利，而不是试图命令和控制员工。技术工具使得个别员工的业绩与工作结果联系起来。

由于技术发展，大量的工作会变得多余，但同时也会创造新的工作，这与在技术驱动的社会中实施和管理新的技术驱动的商业模式有关。

因素4：公司组织

企业不仅需要应对新技术和新消费者，而且需要满足员工的新期望。这将需要在技术问题、工作态度和技能方面进行再培训。公司及其员工都需要终生学习。

选择技术

如果你打算从头开始重新设计你的公司，你需要设置较高的标准。你应该以这样一个基本理念为出发点：你想要在没有任何公司员工参与的情况下管理你的客户关系。哪些任务可以自动化？哪些任务仍然需要销售、市场营销和客户服务部门来完成？为了完成这些任务，这三个部门需要履行哪些职能？哪些工具和度量标准能让你的公司更加可信、可靠和灵活？

你应该以这样一个基本理念为出发点：你想要在没有任何公司员

工参与的情况下管理你的客户关系。

选择技术相对简单。你所需要知道的只是你想要达到的目标，然后仔细筛选市场上的各种选择。有很多专家可以在这方面帮助你。在第五章中，我提供了一些指导，可以帮助你集中精力做出选择。

但请记住，市场一直在变。基于这个原因，明智的做法是不要匆忙做决定。你需要列出想要达成的目标，但要在你有空的时候回顾一下，这样它们会渐渐变成更完善的目标。你的员工也要参与进来，你要进行测试和评估，发现你需要哪些数据和工具。如果你是一名技术经理，即使你已经做出了最初的选择，也要持续跟踪最新的市场发展，把握市场脉搏。如果你想在将来继续为你的客户提供有价值的体验，那么你的系统将需要不断地升级。

有些实践和工具的价值将得到证实，其他的则需要摒弃或升级。在颠覆式销售时代，你需要定期回顾你的所有决定，关于一切的决定！

一旦做出了选择，你就可以很快地引入一个新工具。你可以评估结果，衡量工作方法，试验不同的模型，确认或修改自己所做的选择，安排订阅，下载软件，等等。在第四章中，我论述了给一个新工具设置 18 周的使用周期是合理且可行的。这个周期不应该长于 18 周，因为人们会开始对它感到厌烦，而厌烦感可不是什么好事，对你的客户和员工都是如此。

建立一个新的商业结构是另一回事。涉及相互影响的人和程序的变化就不那么简单了，而且更加敏感。

人力资源

在第四章中，我还详细讨论了新的组织结构在功能和职责方面的变化。我们需要摒弃旧的工作方法，学习并吸收新的方法，包括新技术和指导销售过程的新方法。因此，我们必须理解新的概念，学习如何使用它们和与它们相关的工具，并最终达到新变化对我们提出的新要求。

如前所述，我们还需要不断地主动重新评估现有的策略、现有的任务分配、现有的方法和现有的技术。传统模式必须被新的思想所取代。

市场营销、销售和客户服务的不同流程的结合意味着相关员工要具有高度的灵活性。并非每个人都能很好地应对这种环境。对许多组织来说，它们还必须彻底变革企业文化，旧的模式被一种全新的模式所取代；对某些公司来说，这种全新的模式甚至是它们完全不熟悉的。一旦变革落到实处，谣言和流言开始传播，那些一开始似乎是变革的积极倡导者的员工可能会开始怀疑，甚至感到绝望。

绝望之谷

当人们面临变化时，他们会经历不同的情绪阶段。一旦人们发现变革对自己的生活具体意味着什么，谣言和流言也开始满天飞，即使那些在公司第一次宣布变革时表示热烈支持的人，也可能很快对变革产生怀疑。变革会让你的员工面对意想不到的、未知的事情，很少有人能适应这些。

因此，在这个过程中的某个时刻，你的大多数员工可能会感到绝望。[1]这是因为他们面对着越来越多的不确定性，他们会想：我真的能应付得了这个变革吗？而不确定性又会逐渐演变成一种恐惧：这个变革会对我产生什么影响呢？突然之间，恐惧又演变成了一种威胁，员工唯有否认它的存在才能觉得安心。其实，员工的这些反应是很正常的。

作为一名管理者，你的任务是确保你的员工不会陷入绝望，否则他们会患上抑郁症，或者会去蓄意破坏变革。要想做到这一点，你可以向他们阐述变革的积极影响，让他们看到变革给他们带来的好处（自主性变大、工作时间变短、工作满意度提高，等等）。

从这方面讲，变革也是一种产品，需要巧妙地推销。员工和普通客户一样，也需要一段时间来接受产品，在这段时间内，你要为他们提供量身定制的体验。这样，随着你们沿着销售渠道共同前进，员工会开始认可变革的价值，并产生更多信任感。

在这本书中，我还强调了带着目标和关键成果工作的价值。这是一种方法，如果能正确地应用，就能将公司的雄心壮志转化为更容易实现的个人目标和小指标，从而产生巨大收益。通过实现具体的个人目标，为公司的整体发展做出贡献，每位员工都能意识到自己在公司中所扮演的角色。当然，这些目标也将增进员工的信心和信任，表明公司坚信员工能够达到工作指标。

如果你想建立一个全新的、高度一体化的公司，则信任是必不可少的。以明确的个人目标和关键成果为工作目标，让员工承担责任，给他们一定的工作自由，并根据工作成果采取问责制，这些都有助于员工接受变革。

实施计划

如果公司想要自我改造，形成全新的技术方法，那么必须制定项目计划，也就是项目实施计划。这个计划要包括所有的详细行动，并按时间顺序排列。“实施”不仅涉及过程、组织和技术，也涉及定位、通信管理和通信规划。当你开始变革时，你要从立竿见影的活动开始，它们易于实现，能产生即时效果，并且每位员工都可以看到这些成果。立竿见影的成功变革能产生积极的效果，减少员工的担忧，让他们对长期变革更有信心。

许多变革要素可能已经在试点过程中试验过。如果没有试验过，则在实施计划过程中，你需要针对选定的关键问题，纳入一些新的试点研究。试点项目是变革决策和实际推广之间的非常有用的中间步骤。这些项目要始终在尽可能真实的环境中进行，这意味着员工的反馈也必须是真实的。反馈让员工有机会适应重新定位后的新技术和流程。同时，员工反馈可以用来衡量结果和进一步做出优化变革计划决策。

推广实施新工作方式、新技术可能需要较长时间，但为了让公司逐渐接受不同种类的变革，这些都是十分必要的。当然，如果有些变革无法按计划立马生效，你就需要额外时间来做一些微调。

你无法在几周内重建整个组织。很难将计划付诸行动，因为在实践中总会存在一些不可预测的人为因素。一些员工需要额外的培训或额外的动力。或者你可能需要从公司外部招聘和培训新的人才。尽管你会尽可能避免这个问题，但最终你可能会解雇某些员工。

一般来说，公司需要一年半到两年的时间才能彻底转变，但转变的最初效果要在前 3 到 4 个月内才能体现。

交流沟通

重要的是，新的工作方法必须具有敏捷性，并能够及时整理记录下来。想要做到这一点，最好使用流程图、单口演示和视频剪辑，而不是复杂的手工操作。因此，在调整工作进程时，你能够更容易地实施项目，并轻松地交流必要的信息。同样重要的是，建立一些不同的渠道，使新的销售方法的关键原则能够慢慢渗透到公司的各个层次。然而，这也可能导致信息不畅。各级管理人员必须随时准备听取其工作人员的意见、问题、建议和不确定因素。根据员工的有价值的反馈，你需要经常调整变更过程的各个方面。

这是一个双向的过程。公司必须接受执行计划的逐步变化。但是，执行计划时，公司还必须能够吸收这些过程的反馈。正是由于这个原因，执行计划需要确定一个明确的路线和时间，但这两个方面都不能一成不变。在变革过程涉及的众多因素中，良好的内部沟通是最重要的。

员工需要表达自己的观点和问题。为了让员工进行更有意义的反馈，你要适时告知他们一些信息。没有透明度，就不可能有成功的改变。因此，基于 Yammer 或 Slack 等工具，建立一个良好的内部沟通结构是至关重要的。

制作短视频（最多 60 秒）也十分有用，在这些视频中，你可以解释为什么某些改变是必要的，以及如何实施这些改变。对那些想要快速浏览相关材料的员工来说，信息图表是很好的工具；而对那些想要阅读完整故事的员工来说，内部博客可能是最好的选择。

几乎每位员工都需要接受一些培训。这些措施的目的是在图像、文本和数字中清楚地显示变化过程。这是确保每个员工能够以最适合自己的方式理解和适应变更过程的唯一方法。

为了避免在变更项目的过程中产生混乱，你必须不断重复核心原则。你可以将这个核心原则视为项目的任务陈述。这一中心原则——每个人都在为之奋斗的目标、其重要性以及它将产生的影响——需要非常仔细地拟订。

在整个实施阶段，它将成为每一个决策的参考点。这意味着你需要坚持正确的中心原则，然后不断地强调它。

这也是为什么每当涉及公司转型时，领导就会参与 CPI 项目。当新的参与方加入项目时——例如，一个负责制定新营销方法的创意路线的广告部门，或者一个受雇为 CRM 编程的实施公司——我们确保他能真正参与其中。这样，我们就可以确定每位员工都在朝着同一个方向努力。如果有人试图用并不重要的新想法或偏离商定的路线来改变目标，我们就要确保改革方案始终在正确的轨道上，并继续专注于实现预期结果。

作者和CPI

帕特里克·梅斯（Patrick Maes）是CPI的首席执行官，CPI是一家致力于提高商业绩效的咨询机构，负责提供销售、市场营销、客户服务和价值交付方面的建议。

帕特里克在创办自己的公司之前，在银行业、广告业和工业咨询领域积累了丰富的经验。他担任过不同类型项目的首席顾问，并定期就新销售应用向不同的公司和组织发表鼓舞人心的演讲。

通过市场研究和战略形成，CPI提供了一个系统的方法来更新商业模式和价值主张。调整后的商业模式和价值主张系统地转化为一系列的流程、组织结构、技术创新和创新理念。

CPI设有四个独立的活动中心，它们互相合作，协助公司运作销售模式和工作方式。

· 咨询中心进行市场调研，为公司的战略、业务建模、流程和组织提供咨询，并制定量化的变更计划。

· 技术中心提供技术基础设施方面的建议，重点关注客户关系管理（CRM）、营销自动化、商业智能（BI）和预测性商业智能。

· 潜在客户培养中心就公司和产品的定位和重新定位提出创造性概念。它组织活动来培养潜在客户，增加客户忠诚度，有时会和广告部和专业设计机构合作组织活动。

· 变革中心帮助企业转变企业文化，建立一个动态的工作环境，在这个环境中新工作方式可以得到实践。它协助对销售、市场营销和客户服务/客户关怀方面的经理和员工进行招聘、入职、指导和培训。

注 释

第一章

1. Maes, Patrick (2014) *Turn Opportunity into Sales Results*, CPI-Consulting
2. Maes, 2014

第二章

1. Maes, Patrick (2014) *Turn Opportunity into Sales Results*, CPI-Consulting
2. Walker [accessed August 2015] Customers 2020: A Progress Report [Online] http://www.walkerinfo.com/Customers2020/
3. De Vynck, T and Brodala, Y [accessed Dec 2017] De beste verkoper is geen verkoper, *De Tijd* [Online] http://www.tijd.be/tech-media/media-marketing/ De-beste-verkoper-is-geen-verkoper/9551451
4. Warc [accessed May 2017] Customer service gets social in UK [Online] https://www.warc.com/newsandopinion/news/customer_service_gets_social_in_uk/29854
5. Lithium [accessed August 2015] A Community-Driven Culture at giffgaff Drives Competitive Advantage [Online] http://www.lithium.com/why-lithium/ customer-success/giffgaff
6. Burn-Callander, R [accessed August 2015] Giffgaff, the ‘bonkers’ mobile network, proves that the crowd can run your business for you, *The*

Telegraph [Online]

7. giffgaff [accessed August 2015] Become a giffgaff Expert [Online] https://experts.giffgaff.com
8. Melis, A [accessed August 2015] Nederlander maakt met dit slimme trucje treintickets goedkoper voor iedereen, *HLN.be* [Online] http://www.hln.be/hln/nl/943/Consument/article/detail/2421994/2015/08/13/Nederlander-maakt-metdit-slimme-trucje-treintickets-goedkoper-voor-iedereen.dhtml
9. Wever, V [accessed August 2015] NS wil in gesprek met groepsretoursite, OV *Magazine* [Online] http://www.ovmagazine.nl/2015/08/ns-wil-ingesprek-met-groepsretoursite-1223/
10. Van den Bogaert, R [accessed May 2015] Veranderen of verdwijnen: hetautobedrijf van de toekomst, *Vroom.be* [Online] http://www.vroom.be/nl/ autonieuws/interview-luc-de-moor-educam-autobedrijf-toekomst
11. Van den Bogaert [accessed May 2015]

第三章

1. Kotler, P, Saunders, J, Wong, V, Broere, F, & Armstrong, G (2009) *Principes van Marketing*, 5th edn, Pearson Benelux bv, Amsterdam
2. Kraljic, P (1983) Purchasing must become supply management, *Harvard Business Review*, Sept, pp109–17
3. The classic sales process based on the funnel approach takes little or no account of the after-sales period and the possible development of customer loyalty. It is equally impervious to the iterations made by customers during the sales process, which may prompt them to investigate the offers of competing suppliers or to unexpectedly add or remove new specifications

from their initial set of requirements and expectations.

4. Court, D, Elzinga, D, Mulder, S and Vetvik, O J [accessed May 2015] The consumer decision journey, *McKinsey & Company* [Online] http://www.mckinsey.com/insights/marketing_sales/the_consumer_decision_journey
5. Maes, Patrick (2013) *Sales 3.0*, CPI-Consulting
6. Woollaston, Victoria [accessed May 2017] EasyJet launches 'Sneakairs' : Smart shoes fitted with sensors VIBRATE to help direct wearers around new cities, *Daily Mail* [Online] http://www.dailymail.co.uk/sciencetech/article-3588413/ EasyJet-launches-Sneakairs-Smart-shoes-fitted-sensors-VIBRATE-help-directwearers-new-cities.html
7. Robarts, Stu [accessed May 2017] easyJet smart shoes let you follow your feet, *New Atlas* [Online] http://newatlas.com/easyjet-barcelona-streetproject- sneakairs/43369/
8. Wikipedia [accessed July 2015] Persona (user experience) [Online] https://en.wikipedia.org/wiki/Persona_(user_experience)
9. Court, D *et al* [accessed May 2015]
10. SALESManago [accessed Dec 2017] Marketing Automation – The Definitive and Ultimate Guide to Marketing Automation [Online] https://www.salesmanago.com/info/definitve_and_ultimate_new_knowledge.htm
11. Microsoft Canada [accessed May 2015] Attention Spans – Consumer Insights, *Microsoft.com* [Online] http://advertising.microsoft.com/en/cl/31966/how-does-digital-affect-canadian-attention-spans
12. Statistic Brain Research Institute [accessed May 2017] 15 statistics that should change the business world – but haven' t, Statistic Brain [Online] http://www.statisticbrain.com/attention-span-statistics/
13. Moth, D [accessed August 2015] Site speed: case studies, tips and tools

for improving your conversion rate, *econsultancy* [Online] https://econsultancy.com/blog/10936-site-speed-case-studies-tips-and-tools-for-improving-yourconversion-rate/

14. Statistic Brain Research Institute [accessed May 2017]
15. Northridge Group [accessed August 2015] The State of Customer Service Experience 2015 [Online] http://www.northridgegroup.com/ The-State-of-Customer-Service-Experience
16. Shankman, P [accessed August 2015] The greatest customer service story ever told, starring Morton’ s steakhouse, *Shankman.com* [Online] http://shankman.com/the-best-customer-service-story-ever-told-starring-mortons-steakhouse/
17. Konrad, Alex [accessed May 2015] Salesforce Innovation Secrets: How Marc Benioff’ s Team Stays On Top, *Forbes* [Online] http://www.forbes.com/sites/ alexkonrad/2014/08/20/marc-benioffs-innovation-secret/
18. Pulizzi, J [accessed September 2015] How Content Marketing Can Save the Book Industry, *Content Marketing Institute* [Online] http://contentmarketinginstitute.com/2012/09/how-content-marketing-can-save-the-book-industry/
19. Harzevoort, S [accessed May 2015] Drie Nederlandse topmerken over customer experience management, *Marketing Tribune* [Online] http://www.marketingtribune.nl/b2b/nieuws/2013/11/drie-nederlandse-topmerkenover-customer-experience-management31_0/index. xml
20. Stillman, Jessica [accessed April 2015] Why ‘Underpromise and Overdeliver’ is Terrible Advice, *Inc.com* [Online] http://www.inc.com/jessica-stillman/underpromise-and-overdeliver-is-terrible-advice.html

第四章

1. Maes, Patrick (2013) *Sales 3.0*, CPI-Consulting
2. Maes, 2013
3. Maes, 2013
4. Van Belleghem, S (2014) *When Digital Becomes Human: Klantenrelaties in transformatie*, LannooCampus, Leuven
5. Economist Intelligence Unit [accessed Dec 2017] The rise of the marketeer: driving engagement, experience and revenue, *Marketo* [Online] https://uk.marketo.com/analyst-and-other-reports/the-rise-of-the-marketerdriving-engagement-experience-and-revenue/
6. The marketing team will need to provide different content for a lead who is still at the TOp of the sales FUnnel compared to a lead who has already given some indication of their needs and preferences, and is therefore already in the Middle Of the FUnnel, or a lead who is getting close to making a purchase and is therefore at the BOttom of the FUnnel).
7. Economist Intelligence Unit [accessed Dec 2017]
8. Statista [accessed May 2017] Number of monthly active Facebook users worldwide as of 1st quarter 2017 (in millions) [Online] https://www.statista.com/statistics/264810/number-of-monthly-active-facebook-users-worldwide/
9. Statista [accessed May 2017]
10. Flynn, Kerry [accessed May 2017] Facebook is within reach of 2 billion users, *Mashable* [Online] http://mashable.com/2017/02/01/facebook-earningsrecord-user-growth/

11 Parkinson, Gary [accessed May 2017] Facebook Acquires Instagram: 5 Years Later, *Shutterstock Custom* [Online] http://custom.shutterstock.com/

blog/facebook-acquires-instagram-5-years-later

12. Chaykowski, Kathleen [accessed May 2017] Instagram Hits 1 MillionAdvertisers, Fueled By Small Businesses, *Forbes* [Online] https://www.forbes.com/sites/kathleenchaykowski/2017/03/22/instagram-hits-1-million-advertisers-fueled-by-small-businesses
13. Insivia [accessed May 2017] 27 Video Stats For 2017 [Online] http://www.insivia.com/27-video-stats-2017/14 Parkinson [accessed May 2017]
15. HubSpot [accessed May 2017] How to use Instagram for business [Online] https://offers.hubspot.com/instagram-for-business
16. Aslam, Salman [accessed May 2017] Linkedin by the Numbers: Stats, Demographics & Fun Facts, *Omnicore* [Online] https://www.omnicoreagency.com/linkedin-statistics/
17. LinkedIn Sales Solutions [accessed May 2017] Ultimate Guide to Sales Prospecting: Tips, Techniques and Tools [Online] https://business.linkedin.com/sales-solutions/b2b-sales-prospecting/techniques-for-successful-prospecting
18. LinkedIn Sales Solutions [accessed May 2017] Ultimate Guide to Sales Prospecting
19. LinkedIn Sales Solutions [accessed May 2017] Getting Started with Social Selling on LinkedIn [Online] https://business.linkedin.com/sales-solutions/social-selling/getting-started-with-social-selling-on-linkedIn-ebook
20. Altman, Ian [accessed May 2017] LinkedIn Paid Vs Free - A Review Of Sales Navigator, *Forbes* [Online] https://www.forbes.com/sites/ianaltman/2015/09/01/linkedin-paid-vs-free-a-review-of-sales-navigator/
21. Van der Blom, Richard [accessed May 2017] Hoe social selling de inkoper gelukkig maakt - LinkedIn’s Sales Navigator, *marketingfacts.nl* [Online]

http://www.marketingfacts.nl/berichten/hoe-social-selling-deinkoper-gelukkig-maakt-linkedins-sales-navigator

22. LinkedIn Sales Solutions [accessed May 2017] Top 10 Actionable Sales Tips [Online] https://business.linkedin.com/sales-solutions/social-selling/top-10-sales-tips-tricks
23. LinkedIn Sales Solutions [accessed May 2017] Ultimate Guide to Sales Prospecting
24. LinkedIn Sales Solutions [accessed May 2017] Getting Started with Social Selling on LinkedIn
25. Hindle, T [accessed May 2017] Span of control, *The Economist* [Online] http://www.economist.com/node/14301444
26. Vandendriessche, F, and Looten, H (2014) *Leidinggeven Zonder Cijfers: Van input naar output*, LannooCampus, Leuven

第五章

1. SALESManago [accessed Dec 2017] Marketing Automation – The Definitive and Ultimate Guide to Marketing Automation [Online] https://www.salesmanago.com/info/definitive_and_ultimate_new_knowledge.htm
2. SALESManago [accessed Dec 2017]
3. Demand Gen [accessed June 2015] 2015 Demand Gen Report Benchmark Study – What’s Working In Demand Generation [Online] http://www.demandgenreport.com/industry-resources/research/3090-2015-benchmark-study-whats-working-in-demand-generation.html
4. Hutchinson, Matthew [accessed May 2017] What is Predictive Intelligence –and Why Should Every Marketer Care?, *Salesforce* [Online] https://www.

salesforce.com/blog/2015/08/predictive-intelligence-definition.html

5. Kopalle, Praveen [accessed May 2017] Why Amazon's Anticipatory Shipping Is Pure Genius, *Forbes* [Online] https://www.forbes.com/sites/onmarketing/2014/01/28/why-amazons-anticipatory-shipping-is-pure-genius
6. Nickelsburg, Monica [accessed May 2017] Jeff Bezos: Amazon drones will find landing spots using symbols printed out by customers, *GeekWire* [Online] https://www.geekwire.com/2016/jeff-bezos-amazon-drones-will-find-landingspots-using-symbols-printed-customers/
7. Nickelsburg [accessed May 2017]
8. Wikipedia [accessed May 2017] Amazon Prime Air [Online] https://en.wikipedia.org/wiki/Amazon_Prime_Air
9. Glaser, April [accessed May 2017] Watch Amazon's Prime Air make its first public US drone delivery, *Recode* [Online] https://www.recode.net/2017/3/24/15054884/amazon-prime-air-public-us-drone-delivery
10. Amazon [accessed May 2017] Amazon Prime Air [Online] https://www.amazon.com/Amazon-Prime-Air/b?node=8037720011
11. Johnson, Luke [accessed May 2017] 9 things you need to know about the Amazon Prime Air drone delivery service, *Digital Spy* [Online] http://www.digitalspy.com/tech/feature/a820748/amazon-prime-air-drone-delivery-service/
12. Johnson [accessed May 2017]
13. UPS [accessed May 2017] UPS Tests Residential Delivery Via Drone Launched From atop Package Car [Online] https://pressroom.ups.com/pressroom/ContentDetailsViewer.page?ConceptType=PressReleases&id=1487687844847-162

14. UPS [accessed May 2017] Drone Usage Takes Flight at UPS [Online] https://pressroom.ups.com/mobile0c9a66/assets/pdf/pressroom/infographic/UPS_drone%20activities_infographic_FINAL.pdf
15. Brinker, Scott [accessed July 2015] Put strategy and creative ahead of marketing technology, *chiefmartec.com* [Online] http://chiefmartec.com/2011/05/marketing-technologys-place-in-marketing/
16. Brinker [accessed July 2015]
17. Brinker [accessed July 2015]
18. Merritt, Anne [accessed May 2017] Text-speak: language evolution or just laziness?, *The Telegraph* [Online] http://www.telegraph.co.uk/education/educationopinion/ 9966117/Text-speak-language-evolution-or-just-laziness.html
19. Burke, Kenneth [accessed May 2017] 63 Texting Statistics That Answer All Your Questions, *Text Request* [Online] https://www.textrequest.com/blog/ texting-statistics-answer-questions/
20. Lee, Joel [accessed May 2017] These 3 Text Messaging Stats Will Surely Surprise You, *MakeUseOf* [Online] http://www.makeuseof.com/tag/ text-messaging-stats-surprise/
21. Burke, Kenneth [accessed May 2017] 10 Reasons Millennials Aren' t Answering Your Phone Calls, *Text Request* [Online] https://www.textrequest. com/blog/10-reasons-millennials-arent-answering-phone-calls/
22. An, Mimi [accessed May 2017] Artificial Intelligence Is Here - People Just Don' t Realize It, *HubSpot* [Online] https://research.hubspot.com/reports/artificial-intelligence-is-here
23. Kim, Larry [accessed May 2017] 10 Fascinating Facts About Chatbots, *LinkedIn* [Online] https://www.linkedin.com/pulse/10-fascinating-facts-

chatbots-larry-kim

24. Aspect [accessed May 2017] 2016 Aspect Consumer Experience Index [Online] https://www.aspect.com/globalassets/2016-aspect-consumer-experience- index-survey_index-results-final.pdf
25. Aspect [accessed May 2017]
26. Brinker [accessed July 2015]

第六章

1. Sinha-Roy, Piya and Richwine, Lisa [accessed May 2017] Virtual reality sweeps shoppers into new retail dimension, *Reuters* [Online] http://www.reuters.com/article/us-retail-virtualreality-idUSKBN0P210320150623
2. Augment [accessed May 2017] Augmented Reality Dictionary: 5 Terms You Need to Know [Online] http://www.augment.com/blog/augmented-realitydictionary/
3. Rouse, Margaret [accessed May 2017] What is virtual reality?, *WhatIs.com* [Online] http://whatis.techtarget.com/definition/virtual-reality
4. Wikipedia [accessed May 2017] Augmented reality [Online] https://en.wikipedia.org/wiki/Augmented_reality
5. Wikipedia [accessed May 2017] Augmented reality
6. Reality Technologies [accessed May 2017] How Reality Technology is Used in Shopping [Online] http://www.realitytechnologies.com/shopping
7. Hidden Creative [accessed May 2017] The Future of Augmented Reality, *YouTube* [Online] https://www.youtube.com/watch?v=tnRJaHZH9lo
8. ThinkMobiles [accessed May 2017] Augmented Reality in Retail [Online] https://thinkmobiles.com/augmented-reality-retail/

9. Augment [accessed May 2017] The Top Examples of AR in Retail [Online] http://www.augment.com/blog/best-of-ar-in-retail/
10. Augment [accessed May 2017] The Top Examples of AR in Retail
11. Engine Creative [accessed May 2017] Tesco brings Disney Frozen to life with Augmented Reality magic [Online] http://www.enginecreative.co.uk/blog/tesco-brings-disney-frozen-life-augmented-reality-magic
12. Augment [accessed May 2017] Augmented Commerce [Online] http://www.augment.com/what-is-augmented-commerce/
13. bol.com [accessed May 2017] Bol.com experimenteert met augmented reality (AR) [Online] https://pers.bol.com/2017/02/bol-com-experimenteertaugmented-reality-ar/
14. Intel.com [accessed May 2017] Virtual Reality in Stores Redefines Retail Experiences [Online] http://www.intel.com/content/www/us/en/retail/solutions/ videos/magic-mirror-retail-solution-video.html
15. Retail Innovation [accessed May 2017] Burberry's new store introduces the digital nail bar and mobile POS [Online] http://retail-innovation.com/burberrys-new-store-introduces-the-digital-nail-bar-and-mobile-pos
16. ThinkMobiles [accessed May 2017]
17. Magliocca, Evan [accessed May 2017] Retailers need to reassess augmented reality, virtual reality, *Retail Dive* [Online] http://www.retaildive.com/ex/mobilecommercedaily/retailers-need-to-reassess-augmented-realityvirtual-reality
18. Eliot, Lance [accessed May 2017] Retail's new reality: Invisible shopping centers and virtual assistants, *CNBC* [Online] http://www.cnbc.com/2015/04/24/retails-new-reality-four-ways-technology-can-boost-sales-commentary.html

19. Fung, Wendy [accessed May 2017] E-Commerce grocer Yihaodian opens 1,000 stores overnight, *WPP* [Online] http://www.wpp.com/wpp/press/2012/oct/19/ecommerce-grocer-yihaodian-opens-stores-overnight/
20. Fung, Wendy [accessed May 2017]

第七章

1. Wikipedia [accessed September 2015] Raymond Kurzweil [Online] https://nl.wikipedia.org/wiki/Raymond_Kurzweil
2. Kurzweil, R [accessed June 2015] The Law of Accelerating Returns, *Kurzweil Accelerating Intelligence* [Online] http://www.kurzweilai. net/the-law-of-accelerating-returns
3. Wikipedia [accessed June 2015] Technologische singulariteit [Online] https://nl.wikipedia.org/wiki/Technologische_singulariteit
4. Wikipedia [accessed August 2015] Predictions made by Ray Kurzweil [Online] https://en.wikipedia.org/wiki/Predictions_made_by_Ray_Kurzweil
5. Kurzweil, Raymond (1990) *The Age of Intelligent Machines*, MIT Press, Boston
6. Kurzweil, Raymond (1992) *The Age of Spiritual Machines*, Viking, New York
7. Wikipedia [accessed August 2015] Predictions made by Ray Kurzweil
8. Wikipedia [accessed August 2015] Predictions made by Ray Kurzweil
9. Wikipedia [accessed September 2015] HAL 9000 [Online] https://en.wikipedia.org/wiki/HAL_9000
10. Gartner [accessed June 2015] Gartner Says 4.9 Billion Connected 'Things'

Will Be in Use in 2015 [Online] http://www.gartner.com/newsroom/id/2905717

11. Gartner [accessed June 2015]
12. SALESManago [accessed Dec 2017] Marketing Automation – The Definitive and Ultimate Guide to Marketing Automation [Online] https://www.salesmanago.com/info/definitve_and_ultimate_new_knowledge.htm
13. HBR (2015) Meet your new employee: How to manage the man-machine collaboration, *Harvard Business Review*, June
14. Beaver, Laurie [accessed May 2017] Chatbots are gaining traction, *Business Insider* [Online] http://uk.businessinsider.com/chatbots-are-gainingtraction-2017-5
15. Kim, Larry [accessed May 2017] 10 Fascinating Facts About Chatbots, *LinkedIn* [Online] https://www.linkedin.com/pulse/10-fascinating-factschatbots-larry-kim
16. Beaver, Laurie [accessed May 2017]
17. Beaver, Laurie [accessed May 2017]
18. Aspect [accessed May 2017] 2016 Aspect Consumer Experience Index [Online] https://www.aspect.com/globalassets/2016-aspect-consumer-experience-index-survey_index-results-final.pdf
19. An, Mimi [accessed May 2017] Artificial Intelligence Is Here – People Just Don't Realize It, *HubSpot* [Online] https://research.hubspot.com/reports/artificial-intelligence-is-here
20. An, Mimi [accessed May 2017]
21. An, Mimi [accessed May 2017]
22. Violino, Bob [accessed May 2017] Chatbots driving down costs in customer service, *Digital Insurance* [Online] https://www.dig-in.com/

news/chatbots-driving-down-costs-in-customer-service

23. An, Mimi [accessed May 2017]

24. Juniper Research [accessed May 2017] Chatbots, a game changer for banking & healthcare, saving $8 billion annually by 2022 [Online] https://www.juniperresearch.com/press/press-releases/chatbots-a-game-changer-forbanking-healthcare

25. Juniper Research [accessed May 2017]

26. Nelissen, Niko [accessed May 2017] How bot-to-bot could soon replace APIs, *VentureBeat* [Online] https://venturebeat.com/2016/06/05/how-botto-bot-could-soon-replace-apis/

27. Johnson, Khari [accessed May 2017] Bing now serves up bots from Facebook Messenger, Slack, and other chat apps, *VentureBeat* [Online] https://venturebeat.com/2017/05/12/bing-now-serves-up-bots-from-facebookmessenger-slack-and-other-chat-apps/

28. Johnson, Khari [accessed May 2017] Microsoft' s Bing search results now include Skype bots, *VentureBeat* [Online] https://venturebeat.com/2017/05/10/microsofts-bing-search-results-now-include-bots/

29. Attend.com [accessed May 2017] Attend.com Integrates Event Management Solution into Leading CRM Applications [Online] https://www.attend.com/home/pr_salesforce_blackbaud_integration.html

30. Crystal [accessed May 2017] Meet your communication coach [Online] https://www.crystalknows.com

31. Metz, Rachel [accessed May 2017] Can You Improve Your E-Mails by Analyzing Recipients' Personalities?, *MIT Technology Review* [Online] https://www.technologyreview.com/s/537256/can-you-improve-your-e-mails-byanalyzing-recipients-personalities/

32. Crystal [accessed May 2017]

33. Ramli, June [accessed May 2017] Crystalknows, a software that helps a person write emails the correct way, *Elite Agent* [Online] https://eliteagent.com.au/crystalknows-software-helps-person-write-emails-correct-way/

第八章

1. Fisher, J M (2015) A Time for Change, *Human Resource Development International*, 8:2, pp 257–64